あえて数字からおりる働き方

個人がつながる時代の生存戦略

尾原和啓

いつか何者かになりたいと思っているすべての人と
自分は何者にもなれないと思っているすべての人と
変化できないまま錆びてしまうことを不安に思っている人へ

まずあなたが、誰かにとっての何者かになることからはじめてみよう。

はじめに

令和に入って僕たちは昭和の間違いを認められるようになりました。

日本企業のトップであるトヨタや、経団連会長は「終身雇用を続けるのは難しい」と、組織が個人を一生守ってくれないということを吐露しました。


これからは「個人」で生き残っていかなくてはならない。

そんな空気とともに、

「自分に力をつけなければならない」

「人脈を増やさなければならない」

「有名に、何者かにならなければならない」

と焦って躍起になっている人もいるように思います。


でも、多くの場合、なかなかうまくいかない。「何者かになれば自信がつく」「仕事での心配もなくなる」と思って頑張っても、結果が出なくて、疲れてしまっている人もいるのではないでしょうか。

では、人生が100年時代になり、AIが仕事の半分を置き換えるといわれる中、どうしたら生き残れる「何者か」になれるのでしょうか？

新型コロナウイルスが流行し、オンラインファーストの社会への変化も加速する今、どうすれば、この激動の時代に組織に依存せず、1人でも、つながりながら自由に働くことができるのでしょうか？

「役に立つ」から「意味がある人」が生き残る時代

山口周さんの『ニュータイプの時代』（ダイヤモンド社）に出てくるこの言葉は、まさに変化の時代における個人のあり方を言い表しています。

4K、8Kのテレビを思い出してもらうとわかりやすいですが、4K、8Kといった機能で勝負しようとしても、ユーザーにとってはその差がわかりにくく、過当競争に陥りやすいといえます。何より機能は、情報化社会の中では、簡単にコピーできてしまうので、たとえ先陣を切っていてもあっという間に追いつかれ、安売り競争になってしまいます。

これは人も同じです。ネットで誰もが高速学習ができる今、「役に立つ」だけのスキルは、競争過多になります。たとえば、米国のコールセンターは、フィリピンやインドなどの、時給が半分から3分の1でも英語が話せ、優秀な大学を卒業した熱心な人たちによって代替されてしまいました。これは10年以内にリアルタイム自動翻訳で日本でも起こることです。そしてこの先20年でＡＩがあなたの「役に立つ」を無効化していくでしょう。

そんな中で大事なことは「他の誰かではなく、あなたに仕事を頼みたい」という、誰かにとって意味がある存在になることです。

自分が誰かにとって「意味のある」存在になる。その積み重ねで、たくさんの人の「意味のある」存在となり、最終的に人は「何者かになる」のだと、僕は思っています。

小さくても「ありがとう」と言われること

商いの基本は物々交換です。自分にあって相手にない物をお互いに交換する。山の民が果物を、海の民が魚を、と自分にとってはありふれていても、相手にとっては「有ることが難しい」ものを、お互い交換し合うのです。だからこそ、自然と「有り難う（ありがとう）」という言葉が出てくるのです。

僕は日々、見かけたニュース、読んだ本など、様々な情報について、それが誰のためになりそうかを考えながら、約20人の人にメッセージを送り続けています。

毎日20通のＧＩＶＥ（ギブ）メールは、僕にとっては日々の習慣ですが、その中に受け取った友人にとって「有ることが難しい」ものがあると、「ありがとう」という言葉が返ってきます。

つまり、毎日のメールは友人にとって「役に立つ」ものになると同時に、そのメールを通して、僕はその友人が何を欲しているのかがわかるのです。これを続けていくと、僕の存在は、彼にとって、その旅にほんの少し同行する「意味のある」友人へと少しずつ変わっていきます。

お金は便利を増やした分、有り難うを減らした

「老後の貯金、2000万円じゃ足りないらしいから、もっとお金を貯めなくちゃ！」

「インフルエンサーの時代だから、ツイッターのフォロワー数をどんどん増やさなくちゃ！」

今僕たちは、変化の時代がもたらす不安と焦りに煽られるあまり、ついわかりやすい〝数〟ばかり追ってしまって〝目の前の人〟よりも〝自分のこと〟にばかり一生懸命になってしまっているのではないでしょうか。


では、なぜ僕たちは誰かにとって意味のある存在であることに力を割きにくくなったのでしょう。それは「お金」の発明が関係していると僕は思っています。

先に書いたように商いの基本は「有り難う」の物々交換でした。

でも、物々交換はお互いに相手を探し出すことが大変で、お肉や野菜などは交換相手を探してるうちに腐って価値が減ってしまいます。したがって、お金という「価値を数値化」す

るものに1回換えて、お肉ならお肉屋さん、野菜なら八百屋さんと、誰かが一手に引き受けて、物とお金を交換するほうが効率的なのです。

こうして今は、お金の発明によって、交換相手を探さなくても必要な物を手に入れて生きていくことができるし、贅沢もできるようになりました。便利ですね。

でも、それによって誰かから「有り難う」と直接言われる機会を失い、誰かにとって「意味のある」存在になれる機会を減らしてしまいました。

「いいね！数」と「フォロワー数」が何者かになる機会を減らしている

いいね！数とフォロワー数も同様です。お金と同様で、「いいね！」やフォロワーは数値に変換してしまうと、一人ひとりからの「有り難う」の意味が薄れ、いつの間にか、たくさんの「いいね！」やフォロワーが欲しいと数を追いかけるようになります。

仕組みを提供する企業、組織からすると、そういった数値、貯金、偏差値、順位を追いかけることを快感として、盲目的に追いかけてくれたほうが楽ということもあって、ヤミツキになるように加速するときも、しばしばあったりします。

我々は「有り難うの意味」を忘れ、「数字のオバケ」にとりつかれやすくなってしまうのです。

では「数字のオバケ」に負けずに「自分の物差し」を育てるにはどうすればいいのか?

その答えは、

・自分が誰かから「有り難う」と言ってもらえるGIVE(ギブ)を繰り返すこと
・ギブを繰り返すことによって、特定の誰かにとっての「意味のある」存在になること
・特定の誰かにとって「意味のある」存在になることを重ねていくこと

それによって、ある意味の流れの中で特定の人たちに呼ばれる「何者かになっていく」。

つまり、あえて数字を追う世界からおりることで、「意味のある自分」を見つける——。

それがこの本の構造です。

離れてもつながれる、変化の時代にゆるがない武器を手に入れる

用意された問題を素早く正確に解くことが重要だった時代は、近くにいる同質な仲間とス

クラムを組んで走ることが、成功ルールでした。ただ、変化が激しく、昨日までの正解が突然通用しなくなる時代においては、遠くの人とゆるくても意味ある絆で多様につながっているほうが、誰かが穴におちいっても他の誰かは傷が浅かったり、むしろ時代の前線に立っていたりと、助け合うことができます。同質な仲間でかたまりすぎていると、全員が穴におちいるリスクが増えてしまいます。

なにか1つに依存してしまっている状態から自立するためには、「依存しない」のではなく、「複数に依存先を増やす」こと、たとえ少数でも、遠くの人たちから「あなたを助けたい」と思ってもらえるような、意味のある存在になることなのです。

本書は、元々楽天やドコモなど大きな会社に依存していた5年前の自分が、44歳の時、バリ島・シンガポールという日本から遠く離れた場所にベースを移し、ギブとつながりを大事にしながら自分を変えていった物語の軌跡でもあります。

大きな会社から飛び立つとき、僕はこんな葛藤を超えて生きたいと考えました。

・どんな時代でも前向きになれるような自己肯定感を持てること
・自分の能力と可能性を発揮でき、仕事の幅を広げていけること

・転職などの変化を、不安からワクワクする冒険に変えていくこと
・独立することを、より広いつながりを得る機会に変えること
・いつでもどこでも、第一線で活躍できる自分でいつづけること
・1人で自由に仕事をしていても、つながりがあり何も困らない自分でありたい

5年の旅の先にどうにか辿り着けたかなと思います。だからこそ大きな変化が前提の時代に、同じ葛藤を持つ皆さんと〝今日からちょっとでもできる成長の秘訣〟を分かちあえたらと思い、コツをぎゅぎゅっと絞り出し、本書にまとめました。


どうでしょう？　少しでもわくわくしていただけましたか？

もしこの本を読んでくださった方が、ご自身の葛藤を超えることができるなら著者としてこれほどうれしいことはないです。

ぜひ、一緒に新しい時代への変化を楽しみませんか？

さあ、一緒にまいりましょう。

目次

第2章

序章

「組織から個人」の時代に本当に必要なこと

副業・独立・転職……
会社がベースではなく「個人」が主体に働く時代になってきた

インターネットとテクノロジーの発展によって、ビジネスは個人が主体になって成立できる時代になりました。

たとえば、これまで企業が主体となって行なってきたホテルやタクシーなどのサービスも、インターネットで、個人の細かな需要（何月何日に泊まりたいなど）と、個人の供給できるサービス（何月何日なら泊められる）をつなぐことができるようになりました。ウーバーやエアビーアンドビーといったサービスがはじまり、今ではグローバル規模で展開するようになっています。

このように、かつてなら遠くに離れていた個人とサービス、需要と供給を、物理的距離や時間に関係なくインターネットがつないでくれるようになったことによって、企業を主体としなくても、個人が寄り集まってサービスを展開したり、仕事をしたりできるようになったのが、今の時代の大きな流れといえるでしょう。この点は、企業に勤める人もリモートでできる副業を持つことが安全弁にもなるため、新型コロナウイルスの影響で加速していくと僕は考えています。

特にポイントとなるのは「遠く」という点です。正解が見えているときは、近くの同質性の高い強い群で一丸となって進むことが大切ですが、どこに変化が起きるかわからないときは、ゆるやかに遠くの物に分散することで、どこかが沈んでもどこかが生き残ることが大事になってきます。

ただ、冷静に考えなければいけないのは、当然すべてのビジネスやサービスが個人を主体とするものになったのではないということです。あくまで企業のみだった時代から、個人もサービスの提供側になれる時代に変化したことで、働き方の選択肢が増えた、ということだと思います（だからすべての人が、個人で仕事をしなければいけないということではありません）。

企業の寿命が個人の寿命よりも短くなった

同時に、変化の速い時代になったことで企業の寿命が個人の寿命よりも短くなりました。いわゆる年功序列や終身雇用が当たり前ではなくなり、これまでのように〝良い企業に勤めていれば死ぬまで安泰〟という方程式が成り立たなくなってきています。少なくとも、経団連は平成の終わりに〝終身雇用制度はもう続かない〟と音をあげているわけですから、少なくとも国や企業が個人の人生を保証したり、決めてくれたりする時代は終わったと思っていたほうがいいのでしょう。

このような雇用事情の変化に、インターネットの急速な発展が重なったことで、

・自分の成長に合った会社に転職し続ける道を選ぶのか
・独立するのか
・副業をするのか

などを、細かく選べる時代になったということなのだと思います。

そこで仕事をするあなたの意味は何か？

世の中の変化が加速することによって、企業の寿命が個人の寿命より短くなれば、おのずと〝肩書〟の効力も落ちます。これまでなら〝東大出身です〟〝大手商社にいました〟と言えばそれだけで信頼を得られる〝肩書経済〟や〝肩書社会〟だったはずが、これからは肩書よりも中身を重視する時代になるということです。

ただ、先述のようにスキルがあって人の役に立つというだけでは、ＡＩや海外の格安サービスに置き換えられてしまうリスクもあります。

肩書やスキルだけで乗り切れなくなる時代においては、何を身につけるべきなのでしょうか。

それは、たとえ海外より高くて、ＡＩよりスピードが遅かったとしても、顧客に

- **あなたが好きだから**
- **あなたにしかできないから**

・私のことをよく知っているあなたなら、信頼できるから

〝だから、一緒に仕事がしたい〟と思ってもらえる人材であることが望ましいでしょう。たとえば、コールセンター業務にしても、緊急のトラブルシューティングや顧客トラブルなど、アドバイザーの柔軟性や専門知識の充実度、何よりも最後まで丁寧に対応する親切な人柄などが求められるシーンでは、やはり信頼度の高い人材へと仕事が集中するのです。

つまり、これからの時代における〝働き方〟で大事なのは、**〝あなたは誰にとって意味のある存在ですか？〟**という問いであり、**その答えを持てる存在になる**ということです。だからこそ、人間関係をベースとした、〝あなたが好きだから一緒に仕事がしたい〟というような信頼関係を築くことが、個人の働き方の主軸になっていくのだろうと僕は考えています。

もっとわかりやすい話をしましょう。たとえばあなたが気分転換しようとカフェに行くとします。このとき、仮にコンビニで１００円のコーヒーを飲めたとしても、雰囲気や居心地のいいお気に入りのカフェで、５００円の淹れたてコーヒーを頼みたいと思ったとします。ただコーヒーを飲むだけなら、サイゼリヤに行けば何杯でも同じ価格で飲めるにもかかわらず、家から徒歩10分かかるカフェに行くのは、そのカフェでしか得られない心地よさがあるからです。

つまり〝あなたが好きだから一緒に仕事がしたい〟と思われる人とは、100円の缶コーヒーやサイゼリヤの飲み放題コーヒーにも勝り、たとえ500円を払ってでもそこにいたいと思わせる、〝あなたにとってのお気に入りのカフェ〟のようなものだと思っていただければいいと思います。

では、あなたのお気に入りのカフェの主人は、どうやってあなたを虜にしたのでしょうか？ ぜひ店内を見渡してみてください。突き抜けるように高い天井、いつもかかっているレトロなレコード、窓から吹く風、揺れるカーテンのシックな色あい、沈むソファの座り心地。これら一つひとつが、まるでカフェの主人の人柄が反映されたもののように感じませんか？

つまりあなたは、カフェを通して、主人がギブしてくれた心地よさや信頼に対して、500円を払っているともいえるのではないでしょうか。これが、ただ役に立つだけのＡＩや、海外の格安サービスに、あなたが信頼で勝つ仕組みです。

だからといってむやみにハードルを高く感じたり、難しく考えたりする必要はありません。

「自分はコミュ障だから信頼関係重視の未来なんて無理！　オワタ」とこの本を閉じるのも

まだ早いです（ちなみに僕はもともとコミュ障なので、コミュ障だから実現できないことは、この本には一切出てきません、安心してください）。

それでも、有名企業出身者が強いんじゃないの？と思ったあなたへ

そうはいっても、有名企業や有名大学出身者は強いはずだと思う人もいるかもしれません。

確かに、変化の時代になったからといって、有名企業や有名大学の価値がいきなりなくなるわけではありません。

大企業での経験は〝あなたは信頼のできる大きな仕事を任されてきた実績がある〟というひとつのタグになるでしょう。有名大学なら、〝試験という課題を乗り越えてきた信頼の蓄積がある〟とみなしてもらえます。ただし、かつてのように、肩書があるからなんでもOKのスペシャルカードではなくなったのです。

これまでの時代において「学歴」は、人の能力を保証する資格として機能するものでした。しかし、ソーシャルの発達によって、アメリカではすでに10代の若者が、大学に入ることなく、ネット上での活躍や、多数の人からの推薦が可視化されて、グーグルにスカウトされる

ようなことが起きています。もはや学歴ではなく、本人の能力そのものが評価される時代がきています。

結論をいえば、人柄やスキル、経験というあらゆるカードがネットの中で可視化される時代になっても、〝肩書カード〟はある程度機能していくといえます。ただし、これから必要とされるのは、自分の持つあらゆるカードで戦ってきた経験そのものです。

実践の戦いの中で生き残ってきている、つまり実戦のテストの中で勝ち抜いて実力が証明されていることを「バトル・テスティッド（Battle Tested）」と言います。プロジェクトの成功でも人柄でも「バトルテスティッド」なカードがたまった人はネットやソーシャルでの評判が高まりますから、より大きな舞台が提供されることが増え、より経験を積み、より大きな舞台を呼び込んでいくことになり、経験の拡大再生産を繰り返していくことになります。

そのため、ただ肩書が立派なだけではなく、肩書によってより多くの実戦をこなしてきた人材が信用されるのです。そういった意味では、有名企業や有名大学で経験を積むメリットとは、より大きな仕事や経験を積むチャンスにめぐりあいやすいことだともいえるでしょう。

しかし繰り返しますが、経験もなくただ立派な肩書があるだけでは、この先の時代を乗り切るのは難しいと思います。肩書に関係なく、必要なのは経験なのです。

「錯覚資産」は、誰もが使えるものではない

SNSの時代に、錯覚資産という言葉が出てきました。これを端的に説明するならば、自分の実力以上に自分を高く、価値があるものに見せてしまう資産といえるでしょう。肩書もそのひとつです。

しかし、これからの世の中、〝錯覚資産〟は、あくまでチャンスの幅を増やしてくれるものにすぎないのです。それに、たとえチャンスが増えても〝あなたと一緒に仕事がしたい〟と思ってもらえなければ次につながりません。

これは、SNSのフォロワー数なども同じです。フォロワー数は、てっとり早く〝数〟の錯覚資産を増やすのに便利な指標ですが、それだけで常に仕事を任されるわけではないのです。たとえば、より実戦で経験を培ってきたバトルテスティッドな人材は、〝結果として〟SNSのフォロワー数が多かったり、上場企業の社長の名刺を100枚持っていたりするか

もしれませんが、彼らにとってこれらの〝数〟はいくつかの手持ちカードのうちの1枚にすぎないのです。つまり、〝数〟や〝肩書〟などの錯覚資産そのものを追って、社長の名刺を100枚集めたとしても、それは100人の社長からの信頼を積み上げたわけではないので、**努力の方向性としてはあまり意味がない**と思うのです。

それは、フォロワー数を増やすのが目的なのではなく、結果的にフォロワー数が増えていくバトルテスティッドな人材の視点を見ればわかるでしょう。

たとえばゆうこすさんは、ツイッターやインスタグラムを更新する際、一つひとつの投稿を、どんな層の、誰を喜ばせるために更新するか、緻密に考えてポストしているといいます。何歳くらいのどんな趣味を持った人から「いいね！」がついたか、丁寧にチェックし、次に喜ばせたいターゲットを明確に描いて、またポストに反映しているそうなのです。

つまり、ゆうこすさんのSNSのフォロワー数は、彼女が自覚的に計算してポストをして、結果を振り返って積み上げてきたバトルテスティッドな〝数〟であり、言ってみれば、彼女のSNSを見てくれた人たちを喜ばせるためのギブを受け取ってくれる相手の数なのであって、単純に「フォロワー数だけ増やせばどうにかなる！」と思って数だけ増やしているケースとはまったく異なるのです。加えて、ゆうこすさんはSNSを通してフォロワーを喜ばせることと自体が楽しくてやっているので、より自覚的に自分の勝ち筋を把握して、SNS運用をビジネスにつなげているといえます。その数字は、関係性の裏付けがない単なる数字ではなく、**信頼を積み重ねようという努力の上の数字**、ということなのです。

POINT

自分自身が提供できる意味を考えよう

互助、共助の「ギブ」をベースに

コロナショック以降、収入から習慣まで、生活が根こそぎ揺らぐ体験を誰もが経験していると思います。有名なマズローの5大欲求で例えるならば、生理的欲求と安全欲求までもが揺らぐ事態です。これらは日本で生活している限り、まず脅かされることのない領域でした。

また日本は、災害のように一気に崩れた状態から復興していくことは経験済みでも、コロナショックのようにじわじわと崩れ、終わりが見えない不安に長く付き合った経験はほとんどありません。

しかし、海外ではどうでしょう？　たとえばベルリンは、長く続いたベルリンの壁の悲劇を経験しているからこそ、市民は非常時でも、公助を当てにしすぎることがありません。まず自分のことは自分でまかない（自助）、余力で相手を助け（互助）、そしてみんなで助けあう（共助）、というように、連続性を持って助けあう市民性が備わっています。

図0 マズローの欲求5段階説

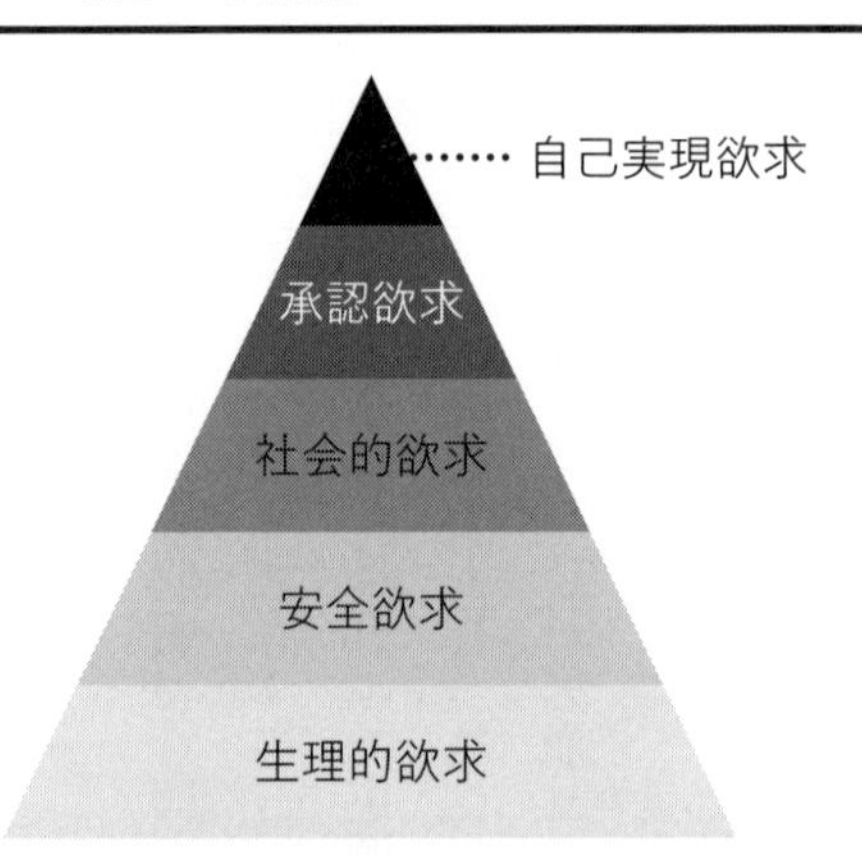

僕は、本来の人のあるべき助け合いとは、**自助、互助、共助、公助の4段階**で行なうものではないかと考えています。しかし日本人は、生活が脅かされる事態を長く経験していない影響からか、まず公助を当てにしてしまうところがあるのかもしれません。だからこそ今回のように生理的・安全欲求が崩れたとき、日本人がまず思い出すべきは互助と共助ではないかと思うのです。

遠くの人とつながって、変化に対応する

もともと日本は長屋文化があったくらいですから、互助も共助も当たり前の国だったはずです。キングコングの西野亮廣さんも同じことをおっしゃっていて、東北地方には地域の共助のための

「結（ゆい）」という集団があって、たとえば積雪で家の屋根が落ちたら、グループで直してあげたりするそうです。これらは地域に限定された互助・共助の輪ですが、インターネットの時代では、物理的距離に関係なくサポートし合うことができます。

今回のコロナショックでも、インターネット上では共助の輪が数多く生まれています。たとえばコロナショックの影響で出た大量のキャンセル商品を、農業や漁業の業者さんたちが安く提供するため、フェイスブックを通して各地の支援者とつながるなどの試みが増えているのです。

僕は今回のコロナショックに限らず、これからの時代は、「互助・共助のつながり」をいかに個人がつくっていけるかが大事なのだと思います。

そもそも、互助・共助のつながりを物理的距離に関係なく持てることのメリットは何なのでしょうか。２つあります。

1　価値観の相対化ができる

遠く離れた場所にいる仲間や友人のように、価値観が同じで、かつ物理的距離が離れている者同士は、お互いを違う角度から見たり、意見を言ったりすることができます。

たとえば同じ日本人同士だと、普段から似たような世界で生活しているため、外出自粛などこれまで経験したことがない現状を前にしたとたん、ついお互いを不安の渦に巻き込んでしまうかもしれません。しかし、僕の海外の友人らは「日本は医療レベルが高いからいいよね」「罰則もなしに国民自ら自粛するなんて、うちの国じゃありえないよ。日本は優秀な国だね」などとメールしてくれるのです。

彼らは、物理的距離が離れているからこそ、より相対的な視点を投げかけてくれるのです。今日本にいて無事でいられている自分だからこそ、もっと困っているかもしれない人に対して、今できることは何かを自然と考えられるようにもなります。

2　遠く離れているからこそのサポートができる

さらに、物理的距離が離れている者同士なら、片方が沈んだとき、片方がサポートすることもできるのです。たとえば会社が沈んだとき、同じ会社員同士では助け合うことができません。しかし、もしあなたがＩＴマーケティング会社に勤めていて、飲食業で困っている友人がいたら、ネットを駆使したサポートをしてあげられるでしょう。もしあなたが日本で飲食業をしていて、中国に輸出業を営む友人がいたら、彼らにサポートしてもらえるかもしれないし、彼らが大変なときは、あなたがサポートしてあげられるかもしれません。

つまり、非常事態でそれぞれ困難に見舞われていたとしても、物理的距離があって、かつ同じ価値観を持つ者同士は、インターネットを通じて共助の関係をつくることができるのです。

今僕たちに必要なのは、安全欲求、生理的欲求さえ満たされなくなるかもしれない時代の中で、物理的距離にかかわらず、いかに仲間と支えあって、自分ができることを困っている人におすそ分けする互助・共助の輪をつくっていけるのかを、それぞれが意識していくことなのです。

POINT

支えあえる集団の輪をつくれるよう意識する

世界で自由に働き、結果を出している人の「共通点」

僕が知る限り、年齢や肩書に関係なく、グローバル規模で活躍する人たちは、〝ギブによって積み重ねた信頼の輪の中で、加速度的に成長している〟という大きな特徴を持っているように思います。

どういうことか、簡単に説明していきましょう。

ところで、あなたは人を信じる方ですか？　それともまずは疑うタイプですか。

プライベートでは性善説を地で行く人でも、いざビジネスシーンとなると、自分の身を守るために相手を疑いながら、慎重に距離を詰めていく人のほうが多いのではないでしょうか。

しかし**変化の時代ではスピードが命なので、「人を疑うこと」さえ、足枷になってしまう**

のです。たとえばチームの誰かが素晴らしいアイデアを思いついて、新規事業として立ち上げるとしましょう。すでにこの時点で、同じことを考えている競合他社はいくらでもいます。となると、いかに速く形にできるかが勝負です。

そこで、相手の言っていることをいちいち疑って、検証するために細かく確認をとっていたら、時間とコストばかりかかってしまって、あっという間に先を越されてしまいます。つまりはじめから相手を信じてしまったほうが、圧倒的に速くアウトプットを出すことができるのです。

人を疑うことこそ、無駄なコスト

グーグルでは、「人を疑うことこそ無駄なコストだ」と考えられています。そのため、相手が同じ価値観を共有しているグーグルの仲間である限り、まずは無条件で受け入れ、信じて仕事を進めることが前提となっています。僕はこのことを「ハイパー性善説」と呼んでいます。

グーグルはアメリカの企業なので、人種や国籍、宗教など、多様なバックグラウンドを持つ人たちが集まっています。日本とは比べ物にならないほどの多様な価値観を持つ人々が集う環境なので、相手の言うことを頭から疑い出したらもはやキリがないのです。

人を疑うコストがなくなれば、情報の伝達や人との出会い、コミュニケーションがぐっと速くなります。「根拠は？　保証は？」と疑わず、まずは受け入れ、「こんな人を紹介するよ」「すでにこういうサービスがある」と、アイデアをどんどん積み重ねていけば、いつの間にか面白いものができあがる。ハイパー性善説でお互いを信じていれば、どんどんアイデアが広がるし、あれこれと本音の探り合いをしなくて済むから精神衛生的にもいいのです。

日本人は信頼するのが苦手？

日本では、忙しい上司にアイデアを相談するにしても、前もってアジェンダ（議題）を送るなどして、あれこれとお伺いをたてる習慣があります。また、つい「迷惑かな」と悩む時間ばかりが増えて、上手に頼れないこともあります。

一方グーグルでは、ヴァイスプレジデント（ＶＰ）というすごく忙しい人たちに相談を持ちかける場合、まず「○○という理由で相談があるので、１ｏｎ１（ミーティング）を入れてください」と頼みます。断る人はまずいません。忙しすぎて返信がこないことも多々ありますが、そもそも「忙しいときになんだ！」と怒る人はいないので、またタイミングを見計らえばいいと、部下たちもわかっています。

彼らのような多忙で偉い人たちには、定期的に数時間のオフィスアワー（主には大学の研究室などで、学生が自由に訪ねてきて質問ができる時間。ここでは企業でその仕組みが使われている）が設定されています。そのため、15分単位で早い者勝ちで予定を入れて、誰でも相談できます。実際、彼らはどんな相手にも「何？」と気軽に聞いてくれるのです。

日本人は、相手を信頼するのがヘタなのかもしれません。僕が見てきた経験では、自分が苦労して得た知識やノウハウを自分だけのものにしたい、という人が多いように感じます。自分を守るための壁をつくって、その中に、みんなにとって有益な情報や知識を囲いこんでしまうのです。でも、そのせいで、自分の一番強いところで、誰かと組むことができないし、「ほかにない自分」として生きていくことができない。そんな風に思います。

基本的に、**僕は信用すると決めた相手には、日々細かなギブを重ねることで、相手の好みや今の状況を察知します**（僕が実際にどんなギブをしているのか、具体的な方法については後述します）。特に相手が何かアイデアを話してくれたら、それを素直に受け入れ、それについて知っていることを、無条件にギブします。こちらが壁をつくらなければ、相手も心を開いてくれます。信用してギブしてしまうが勝ち、ということもあるのです。

おまけに、日頃から「こんな人を紹介するよ」とか「この本おすすめだよ」というように、相手の好みの視点に立ったギブをしあうことで、お互いへの信頼度がどんどん高まるので、いざ大きな仕事や機会が巡ってきたときに声をかけてくれるのです。「彼のやりたいことにぴったりだし、僕の好みも知ってくれているし」という信頼関係があるからこそ、真っ先にパスを出せるのです。

そう言われても「出世競争の中ではみんな敵だから、自分だけ周りを信じていたらバカをみる」という方もいるかもしれません。それはつまり、そういうゲームのルールの中にいるということです。確かにハイパー性善説は、前提として「何かを一緒に実現させよう」「お互いを高めあおう」という共通目的や共通のｗｈｙがある世界だからこそ、成り立つ法則なのだと思います。

しかしだからといって、こうした考え方は限られた人だけのもの、と言うつもりもありません。世の中ではこうした流れが広がっており、いざその波が自分にたどり着いたときに、すぐ乗れたほうがよいですし、自分からその波を立てていくこともできるでしょう。

僕がいる世界は後者です。そして、そんな僕の周りでは、すでにこのハイパー性善説がどんどん進化していっています。僕らは「お互いに自律し合い、高めあって、それぞれが最高のアイデアを形にしたいね」という暗黙の了解のもと、たとえばエンジニアや編集者、ファッションデザイナーなど、様々な業種の人が混ざりあい、新たなビジネスアイデアをつくり上げていいます。

同じようなビジョンを描いている者同士は、たとえ業界が違ったとしても、ひとたび信頼しあうと、ものすごい効果を発揮するのです。

信頼関係の進化系「ノールックパス」

たとえば僕が、ファッションデザイナーの友達に「きっとこの人と化学反応が起こるな」と思う友人を紹介するとします。

このとき、通常なら「その人はどんな会社のどんな人ですか？ 性格は？」などと聞きたくなるものですが、彼女はいちいち相手の詳細を聞いてきません。それどころか、「尾原さんの紹介ならノールックです」と言ってくれます。

当然、紹介もスムーズで、僕はフェイスブックのメッセンジャーグループをつくり、両者をつなげるだけです。すると後日、「またアイデアが生まれました！」と連絡がきます。

人を紹介するときも、両者のことを事細かに説明したり、日程を設定したりするなどのコストをかけるのは大変です。しかし信頼し合っている同士ならば、ＳＮＳで引き合わせれば、あとは勝手に化学反応を起こしてくれるのです。

スピード命の変化の時代においては、これくらいの速さで人と人がつながり、アイデアが形になるのが理想的です。

それに、信頼しあえる仲間同士のスピーディーなコミュニケーションは非常に気持ちのいいものです。これは、サッカーのパスに似ています。パスを出すときに声がけや視線で逐一確認し合っていたら、あっという間に敵にボールを取られます。しかし、漫画『キャプテン翼』の翼と岬くんコンビのように、ノールックパスができれば、鮮やかなシュートを決めることができます。

たとえばメルカリでは、一部のユーザーの間で「洋服を買うならこの人のアカウントから買う」という風に、毎回同じ販売者から購入するケースが増えているそうです。

そもそも洋服とECサイトは相性があまりよくなく、サイズ感の違いなどで購入に踏み切りにくいものなのですが、メルカリで1度取引をして、「この人の出品している洋服はどれも好き、サイズもピッタリだし、梱包も丁寧」と信頼されると、次からも同じ販売者から購入するようになるのです。

すると、販売者も新しく洋服を選ぶときに「あのユーザーさんがメルカリで買ってくれるし」と想定して購入する、ということが起きてきます。購入する側もまた、「私の次はあのユーザーさんが買うだろうな」と気軽に購入します。まるでシェアするような感覚で、10人くらいのユーザー同士で、1着の洋服がぐるぐる回っているそうなのです。

きちんとした信頼関係が築けてくると、購入することへの不安がなくなります。それに販売者も、購入してくれた人とのコミュニケーションが簡略化されていくのでコストがかからず、まるでノールックパスのように、洋服を販売し、購入し、またメルカリで販売する、というような、自分のセンスを素早く低コストで分かち合えるコミュニティができるのです。

信頼しあえる関係では、何をしても低コストです。ビジネスシーンでノールックパスの速さに慣れてくると、自分の周りでどんどん化学反応が増え、相乗効果が増し、気がつくと大勢の人を巻き込んでいきます。

この状態のことを、僕は「確変モード」と呼んでいます。

パスが回れば回るほど、その人の個性がどんどん際立ち、「次はこんな人に会ってみて」「こないだこんな人と知り合ったんだよ」と楽しい話がどんどんやってきます。ギブからはじめて相手を信頼することによって、実は自分の可能性が広がっていくのです。

POINT

信頼から自分の可能性を広げる

- 肩書でなく「あなたと仕事をする意味」が問われる時代
- 信頼に基づく〝数〟が意味を持つ
- 世界で自由に働き結果を出す人は、ギブによる信頼関係を持っている

第1章

「ギブ」を仕事の基本にする

なぜギブが大事なのか

ここまで読んでそもそもビジネスって利益を得ることが目的だから、「TAKE（テイク）」が大事なんじゃないの？と思っている方もいるかもしれません。

なぜ、相手にギブすることが、あなたが〝何者か〟になるための成長のチャンスになり得るのでしょうか。詳しく説明しましょう。

そもそも与える行為＝ギブには、２種類あります。

1つは、自分の内側にある力で、人にありがたいと思われること。

2つ目は、相手の視点に立って、自分の外側にあるモノに自分の思いを乗せてギブすることです。

たとえば、１つ目は、自分の持っている知識や技能などで、「ありがとう」と言われること。

2つ目は、「あの人はきっとこれが必要だろうな」と考えて、それをギブすることです。

僕が本書で定義しているギブは、主にこの2つ目です。

〝自分の外側〟とは、つまり自分にはないアイデアのことです。たとえば、あなたが思いを寄せる相手になにか贈り物をするとき、「花が好きだと言っていたから、きっとバラを喜んでくれるだろう」などと考えるでしょう。もしあなたが花には疎くて、家に飾ったこともないのなら、そもそも花屋に立ち寄ることもないはずです。

しかし、好きな人への贈り物のために花屋に入ったあなたは、彼女の視点に立って〝部屋に飾りたい花〟を選んでいるのです。この〝自分にはない視点〟が、自分にはないアイデアです。こうして、あなたは自分にない視点を獲得していくのです。

しかし、たとえ相手が必ず喜ぶものであっても、あなたの想いやストーリーが添えられていないのなら意味がありません。たとえば、「女性なら誰でもグッチをもらえたら嬉しいだろう」と差し出しても、そこに〝相手の視点でグッチを選んだこと〟、〝自分の相手への思いを乗せること〟をしなければ、意味がないのです。

〝相手視点〟に立つギブは、普段ならしない花屋に行くという行為によって、自分を変化させます。つまり、ギブで成長し続けるということは、〝あの人が喜びそうなものを探し、この人が嬉しいものを探して、気づいたら遠く知らない国に来て、自分はこんなに変化していました〟という成長の旅なのです。

そして、そこで相手が自分のことを好きになってくれたら、そこに、相手にとっての〝何者か〟であるあなたが存在するわけです。ギブすることによって、あなたは相手との関係をつくると同時に、自分の視点を広げることができるのです。

多くの人は、「女性ならグッチ」のように「自分の考え」をもとに動きますが、それでは「自分の考え」にとどまったままで、成長できませんし、相手との信頼関係をつくることがなかなかできません。「自分の視点」ではなく「相手の視点」からはじめることが大事なのです。

〝何者論〟の勘違い？

僕がこの本でお伝えしたいことは、**目の前の誰かにとっての〝何者か〟になることを、幾**

図1 「GIVE」のメリット

GIVE = “何者か”になるための成長のチャンス

相手の視点に立って GIVEすると
→ ①相手の信頼が得られる
→ ②相手の視点が得られて発想が広がる

通りも繰り返すことによって〝みんなにとっての何者か〟になれる、ということです。ところが人によっては〝何者かになりたい〟と思ったとき、〝まずはフォロワー数10万人になりたい〟とか、〝本が2万冊売れるような作家になる〟とか、〝業界ナンバーワンを目指します〟というように、何者かになること＝数を追うこと、になってしまうことがあるのです。

でも、考えてみてください。たとえば、ヒットを連打するナンバーワンバッターは毎年変わっていくけれど、僕らにとってのイチローは〝ナンバーワンだからイチロー〟というわけではありません。僕らがイチローを愛してやまないのは、彼が僕らの人生に勇気を与えてくれる存在だったり、地道に努力する楽しさを教えてくれる心の師匠だったりするから

図2 GIVEで何者かになる

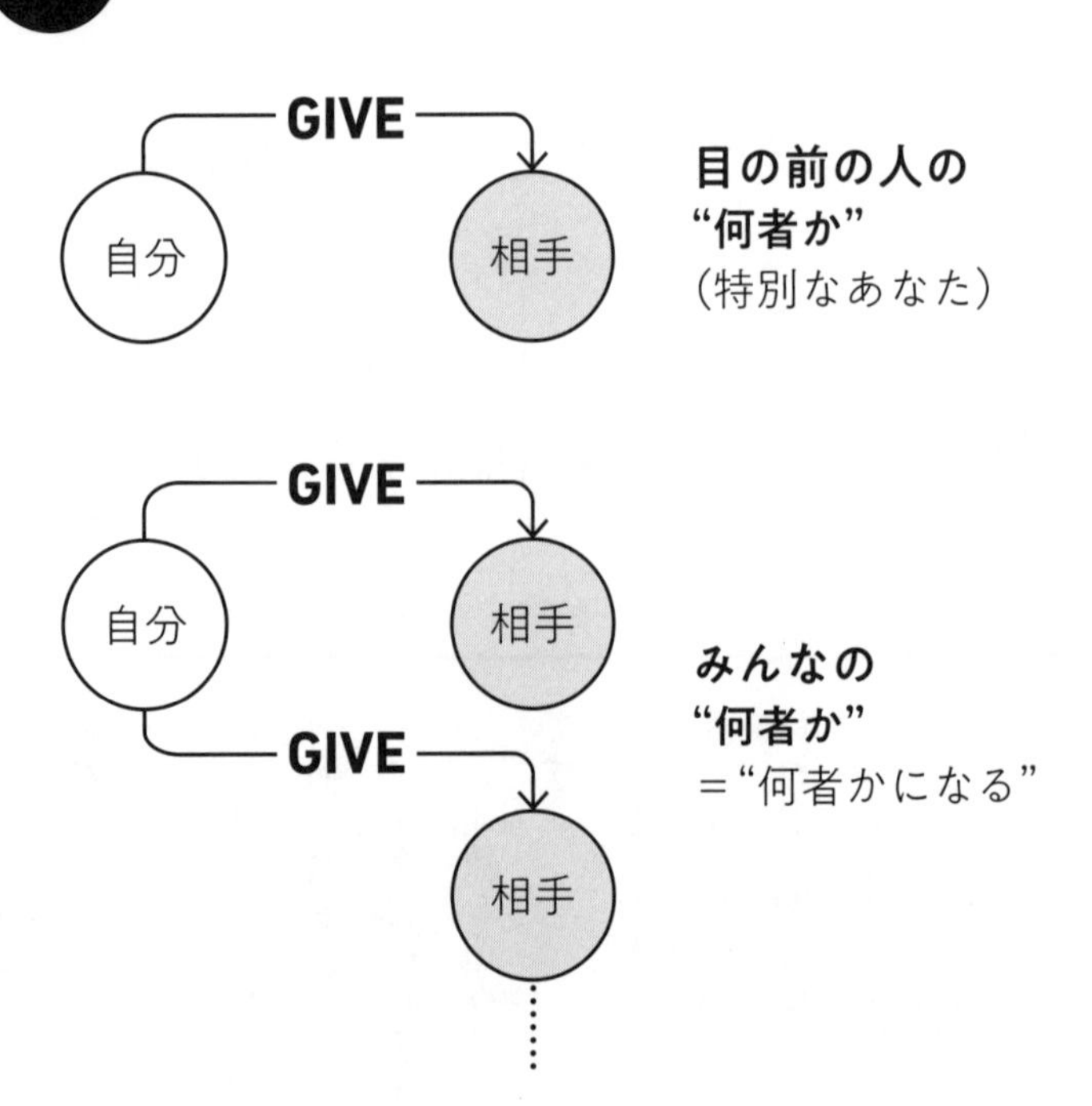

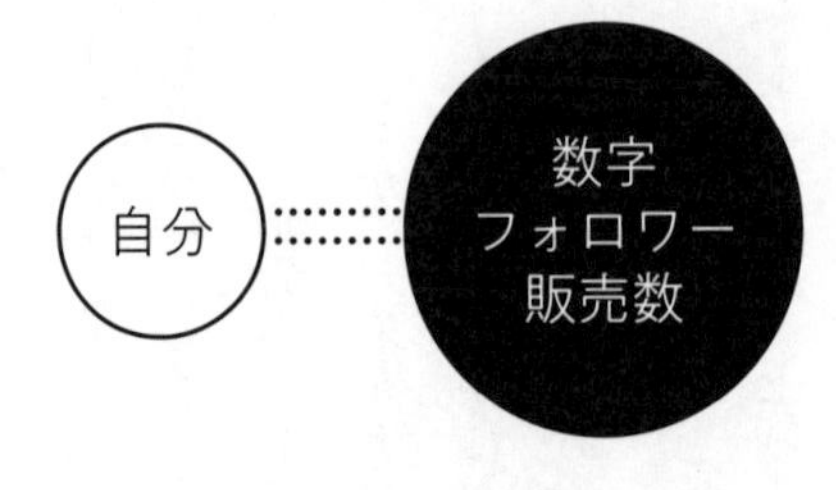

数を追うことが
何者かになれる
わけではない

です。言い換えれば、イチローは僕らに〝勇気〟や〝努力〟をギブし続けてくれる存在だからこそ、オンリーワンなのです。

つまり、人は目の前の人に与え続けていくあらゆるギブによって、みんなにとっての何者かになっていくのです。イチローの場合、ナンバーワンという〝数〟は、彼が僕らに与えてくれるギブの中の1つであり、結果にすぎません。

「ギブには2種類ある」と先に説明しましたが、そもそも自分の内側にあるもの、たとえば特技や生まれながらに持った才能をギブできる人は稀です。ほとんどの人が、相手の視点に立って世の中を旅して、見つけて、自分の思いと掛け算して、相手に渡していくことをやり続けることで、相手にとっての何者かになる。これが、この本の中で僕が最も伝えたいと思っていることです。

では、早速具体的にその方法を紹介していきましょう。

POINT

相手の視点に立ってギブを渡そう

プレゼントがうまい人は誰からもモテる

相手が何を必要としているかを理解する

ギブするには、まず相手の視点に立ち、相手が何を必要としているか、何を苦しんでいるのかを理解する必要があります。

たとえばあなたが、小倉に住むおばあちゃんのプレゼントを買うとしたら、少なくともネクタイや最新型のスマホを選ばないでしょう。まず「おばあちゃんの好み、生活、今必要としていそうなもの、普段なかなか手に入らないもの」に思いを巡らせ、「今年の夏は暑いから、新潟の酒蔵の甘酒ギフトセットを送ろう」などと思いつくはずです。これが、ギブの基本、

「相手の視点でものを考える」ことです。

まずここから学習できることとは何か？　それは、「80代女性、小倉在住」の女性が、普段から何を考え、何を欲しいと思っているか？という視点です。さらに贈り物をした後、電話がかかってきて「ありがとう！　本当に欲しいものだった」と言ってくれるか、「私は形に残るものが良かったよ」と言われるか、つまりどのようなフィードバックが返ってくるかによって、彼女の視点がよりクリアになり、情報が強化されるのです。

僕の場合、これを普段の仕事に生かすようにしています。そもそも、僕の役割は、クライアントが持っていない視点や視野を、自分のアセットの中から適切な形でご提供することです。そのためには、まず「相手が何を必要としているか」を理解する必要があります。

たとえば、出張先で上海のクライアントと4日間ご一緒したとしましょう。このとき、一緒に街を歩きながら、彼が何に反応するのかに注目します。どんなニュースメディアを見ているのか、どんなトピックに関心があるのか。はたまたどんなレストランでどんな料理を頼むのか。それらを自分にコピーしていくことで、相手の考え方、相手が学ぼうとしているものを情報として学んでいきます。

そして、僕なりに「きっとこういうことが知りたいのだな」と感じたことを、相手にギブしていくのです。

すると、また相手から返ってくる反応によってより深く相手のことがわかるので、僕の中に、また1人分のクライアントの情報がストックされ、僕自身の視野と視座がさらに広がる、ということをエンドレスで行なっています。

たとえば、相手を喜ばせるための情報収集として、会社でも、会議中や会食、ランチタイムの何気ない会話の中でも、相手の未来に対する課題意識や、現時点での関心ごとを知ることができます。いろいろな話題がある中で、どの領域で相手がどう反応するかを細かく見てみましょう。人は関心があるとき、ぐっと前に身を乗り出し、興味がないと背もたれに深く寄りかかることがあります。あとは笑顔か否か、うなずきが多かったか少なかったか、相槌があるかないかを注視すれば、相手が何に価値を感じるのかが見えてきます。

相手の傾向を3軸で考える

相手のことを知るために、僕の場合、相手の傾向を、だいたい以下の3軸に分けて観察します。

- **論理型か感情型**
- **新規型か権威型**
- **トレンド型かタイムレス型**

数字や新しい価値パターンなどに重きを置く「論理型」か、個人的なエピソードや共感の有無に価値を感じる「感情型」か。

真新しいサービスや最新型の技術などに魅力を感じる「新規型」か、信頼できる何かによって証明されているものやブランドに価値を置く「権威型」か。

お祭り的に一瞬だけ儲かるサービスが好きな「トレンド型」か、最低でも10年は細く長く続くサービスに惹かれる「タイムレス型」か。

このように、相手が喜ぶ価値観のツボを把握した上で、僕なりに「きっとこういうことが知りたいのだな」と感じたことを、相手にギブしていくのです。

さらに、相手の傾向がわかれば、ギブをする際のベストな伝え方もわかってきます。
感情型なら自分の家族や過去のエピソードをもとに説明したり、論理型ならなるべくグラフやデータをもとに説明したりします。「新規型」なら「すでにアメリカで広まりつつある技術だけど、日本では新しすぎるので○○さんくらいにしか伝わらないかも」と少し心をくすぐってみたり、「権威型」なら「○○さんもこの技術を褒めていたんですよ」という言い方をしてみたり。「トレンド型」なら「今しかない」というほうが響くし、逆に「タイムレス型」なら「じっくり取り組めば10年は持つ価値ですよね」と言ったほうが、より興味を持ってもらえるでしょう。

相手の反応を見ながら関心事や癖がわかり、かつどう伝えれば反応してくれるのかがわかるようになってくると、今度は自分のものの見方や思考法に、相手のパターンを装着することができるようになります。

たとえば僕は「論理型」の「タイムレス型」なのですが、「感情型」で「トレンド型」のタナカさんと一緒に仕事をしたいと思ったら、まずタナカさんのものの見方を学びます。そしてイベント企画を考えるとき、「タナカさんならどうするだろう？　きっと感情に訴える演出をするだろうな」などと想像することで、タナカさんのものの見方を自分に装着し、アイデアを普段の何倍にも膨らませられるようになります。

こうして相手のことを知り、信頼関係を築いていくことで、**その人にとっての「何者かである自分」**になり得るのです。そして、結果、僕の中にまた1人分のものの見方の情報がストックされ、僕自身の視野と視座がさらに広がります。

「ギブ」しながらも、自分はその人の「視座」を身につけていく。これが、混乱の時代において、楽しく学び続けるための「ギブ」の基本です。これについては、次に深掘りしていきましょう。

POINT

相手の傾向を観察する

ギブで得た視点こそが、あなたの最大の資源になる

現在のような混乱の時代を生き抜くためには、常に学び続けることが不可欠です。なぜなら、いつ自分の仕事がなくなるか、先々の見通しがまったく立たないような状況が誰にでも起こり得る中、いつ何が起きても食べていけるように、常に自分の資源を豊かにしていく必要があるからです。

では、混乱の時代において有効な「資源」とはなんでしょうか？　それは他の人にはない**「着想」**です。つまり、ピンチな状況をチャンスに変えてしまうくらい、豊かな視点を持つことです。

これについて、少し長くなりますが、時代背景を含めてちょっと詳しく説明していきましょう。

大人になっても鍛えられる「地頭の良さ」とは何なのか

最近は、「これからは学歴格差ではなく、地頭格差だ」というようなことが謳われはじめました。つまり、地頭は先天的な才能だから鍛えようがないため、学歴社会だった頃よりもさらに残酷な格差が生まれるのでは、という問題提起です。

では、そもそも地頭の良さとはなんなのでしょうか。確かに、「地頭の良さ＝生まれつきの能力」というイメージは、もともとの定義として正しいのかもしれません。しかし、僕はこれが生まれつきの才能によるものだとは思っていません。むしろ、後天的に伸ばすことができる能力だと考えています。

というのも、僕なりに社会人生活を営んできて、学歴や出身などに関係なく「この人、なんて地頭がいいのだろう」と感心させられる人には、以下2つの共通点があります。

1　常に物事を偏見や先入観で見ず、前提条件を疑い、ゼロベースで捉える

2　その上で「これはどうしてだろう？」と疑問を持ち、ひたすらぐるぐると考え続けてい

る

よって、これはあくまで僕の定義ですが、地頭の良さとは、常に目の前の物事に好奇心と疑問を持ち続け、それを鍛え続ける力のことだと考えています。

では、課題発見の時代における地頭の良さ、「常に物事を考え続ける力」とはどのように鍛えればいいのでしょうか。

2つの思考パターン

地頭の良い人の事例を紹介するとき、僕はよくジャッキー・チェンの動画を共有します。ジャッキー・チェンは、敵と戦うとき、その場にあったゴミ箱の蓋(ふた)で防御したり、洗濯ロープで攻撃したりと、目の前にあるものを即座に武器に変え、状況に合わせて最大限の戦いをします。僕は、彼の姿こそ地頭力の根源的な姿だと思っています。

「地頭力は鍛えられる」とお話ししましたが、鍛えるためには、まず人間の物の考え方そのものを見つめ直す必要があります。

そもそも人の考え方には、大きく分けて2つのパターンがあります。まず1つ目が「帰納法」、2つ目が「演繹法」です。

簡単にいうと、帰納法はたくさんの事実から、1つの真理を浮かび上がらせる集合的な考え方です。一方演繹法は、先に原理があって、それを世の中に適応させていく考え方です。

たとえば、演繹法というのは、「虫は雨が近づいて湿度が高くなると羽が重くなり、高く飛べなくなって低く飛ぶ」という原理があり「その虫を捕まえて食べるツバメも低く飛ぶ」から「ツバメが低く飛ぶと雨が降る」と予測ができるようになります。「ツバメが低く飛んでいるから、雨が降るだろう」と、言い伝え（原理）をもとに傘を持っていくようなものです。

一方、帰納法は「ツバメが低く飛んでいる日の翌日に雨が降った」「スズメも低く飛んでいた」「カラスも低いところを飛んでいた」という複数の事象を見て、「鳥が低いところを飛んでいる日の翌日は雨が降る」と仮説を立てるようなものです。仮説が正しいかどうかは検証が必要です。実際この事例ではカラスやスズメは空に飛んでいる虫より地面に落ちている物を食べるので、「鳥が低く飛ぶ＝雨」というわけではないのですが、変化の時代は新しい原理がたくさん現れますから、こうやって複数の事象から仮説を考えることが大事なのです。

日本の教育や多くの日本人の思考パターンは、実は演繹法です。

演繹法タイプの日本の教育

なぜ学校教育が演繹法的に偏ってしまうのでしょう。それは、これまでの「問いに対する答えがわかっている時代」においては、演繹法のアプローチが強かったからです。ひたすら、公式をたくさん覚えて、解答をどんどん出していく力を拡大していくことを求められたのです。よって、ほとんどの日本人には、帰納法の訓練が足りていません。かといって、帰納法的な考えをすればいいというわけでもないのです。なぜなら、帰納法で膨大な情報収集をしていたら変化の時代に間に合わないからです。

たとえば、ゲームの「マリオカート」で最短時間を争う動画を見ると、「演繹脳」からいかに離れるかということが大事なのかがわかります。実際のカーレースは、「車はコース外を走ってはいけない」という制約条件の下、行なわれる競技なので、「演繹脳」で発想する人は、このルールに縛られてしまいます。

しかしマリオカートは、路肩に乗って急カーブしたり、コースでないところにジャンプして最短コースを走ったりと、「演繹脳」の制約条件から外れた発想ができる人ほど、好成績を得られるゲームです。よってプレーヤーは、路肩を見れば減速に使い、ジャンプ台を見れば「ここで加速すれば、カーブをスキップできるかも」などと、目の前にあるものをラテラルシンキング*するることで、最短記録に向け、独自のプレイでゲームを楽しむのです。

演繹思考とは、「問題はこのようにして解かねばならない」という制約条件に縛られた思い込みでもあります。この檻をどうやって論理的に外していくかが、ラテラルシンキング的な考え方です。つまり、前提条件をはじめから取り払い、ゼロから思考する方法です。

これからの時代は、多くの人が演繹思考に陥っている隙に、ラテラルシンキングなどで地頭力を鍛え上げることによって、いかに既存アイデアを素早くハックしていくかが重要になってくるのです。

*ラテラルシンキング　ロジカルシンキングが課題を論理的に分解して考えていくのに対し、既成概念にとらわれず多角的な視点で問題解決をはかる思考法

これからは、この演繹と帰納の、ちょうど中間にある考え方が求められます。それが「abduction（アブダクション）」です。少数のデータから帰納法で特徴の仮説を出し、その仮説に基づいて小さな演繹法で他の異なるグループに転用することで、仮説を検証する。そうやって変化の時代に合った高速なループを回すことが大事なのです。

そして、演繹法ばかりをやってきた我々にはアブダクションを鍛えるために、まずは小規模な帰納法を訓練する必要があるのです。

メモをとること＝帰納法の訓練になる

ちなみに身近にできる簡単な帰納法の訓練は、メモをとることです。たとえば映画を見たとき、気になったことをメモするとします。言葉は目の前で見た現象より、情報量が落ち、抽象化されます。つまり、膨大な情報量の中から、1つのポイントにまとめるという点では、メモ自体が帰納法的な行為なのです。

メモは、一番小さな帰納法であり、抽象化です。そして、帰納法的な物の考え方が身についていき、物事を抽象化できるようになると、今度は抽象化したことを別のアイデアへ転用することができます。メモから書かれた、抽象化されたものを他のアイデアへ転用する行為が、アブダクション的な物の考え方になります。

このことをよりわかりやすく紹介した書籍が、51万部のベストセラーとなった前田裕二さんの『メモの魔力』であり、同著が非常に売れている理由だと思います。つまり『メモの魔力』（幻冬舎）とは、アブダクションなんだと思います。

アブダクション的な物の考え方とは、本来ならただのゴミ箱のアルミ蓋でしかないものを、今、敵が棍棒で突いてきそうな瞬間に、とっさに盾として転用し、即座に防御する一瞬の思考なのです。しかしこの思考をものにするには、まず私たち日本人は、物事を瞬時に抽象化する力を身につけなければなりません。そのためにまずは小さな帰納法である「メモ」が効果的ということなのです。

これは脳みその訓練なので、たとえば手帳の本日の日付の空欄に、今日1日の日記をキャッチコピーにしてまとめる習慣をつけるなど、些細なことからはじめるといいでしょう。まずは、帰納的なものの考え方に慣れていくことが大事だと思います。

図3 アブダクションとは

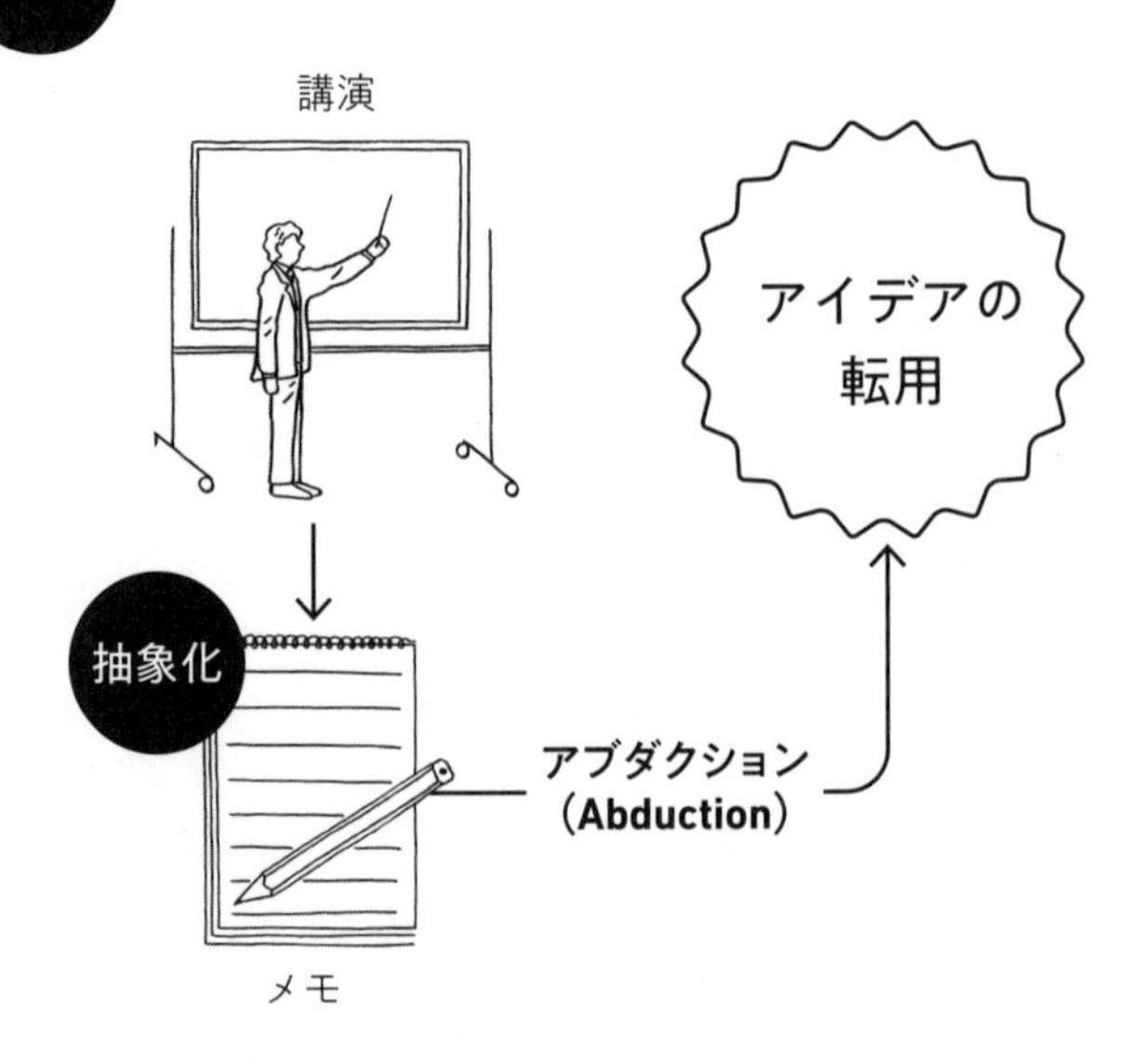

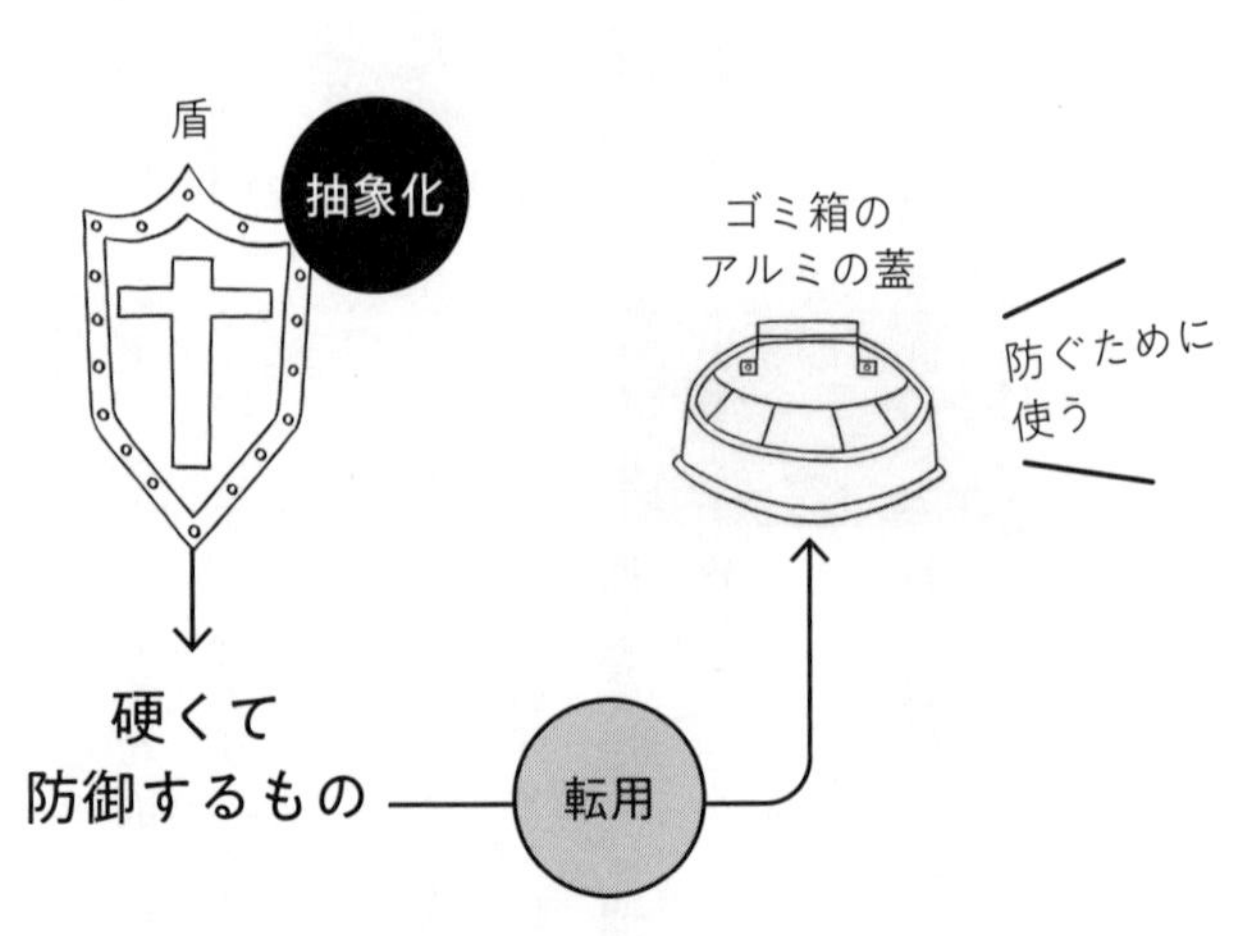

ビジネスに使えるアブダクション

さて、ビジネスにおいてアブダクションがどういうときに使えるか、その実例をご紹介します。

たとえば、低価格オンライン印刷サービスの「ラクスル」は、航空会社の「マイレージビジネス」を印刷に転用したサービスです。そもそも、一定のマイルが貯まると無料で航空券が手に入るマイレージビジネスは、ユーザーにとって非常にお得な仕組みですが、提供者にとっては「空席が出てしまうなら、常連客に提供しよう」という、価値の差を利用したものです。この、ユーザーと提供者の間で生じる「価値の差」こそが、このビジネスのキモであり、他業界へ転用すれば、新しいビジネスを起こせる鍵になります。

航空機内における空席は、固定費が高く、空いてしまうことによるロスが非常に大きいものです。そこで、同じように固定費が高く、しかも稼働していない間のロスが大きい印刷機に目をつけたのが「ラクスル」でした。

印刷機にインターネットのデータ転送の機能がついており、さらに日本くらい発達した宅配機能があれば、一定の注文に対し、印刷機の稼働を分散させることが可能になります。すると、大量の注文に対しても、全国の印刷会社の中から空いている印刷機を使って効率よく印刷ができるので、低価格なサービスが成立したのです。

もう一例を挙げましょう。今ではどのオフィスや家庭でも見られるようになったカプセル型コーヒー「ネスプレッソ」も、アブダクション的なアイデアから生まれた商品でした。

アイデアの元になったのは、プリンタービジネスです。これはプリンター本体ではなく、交換部品（トナー）で儲けるビジネスです。ということは、交換部品が日常的に大量に発生するなら、何にでも適用できることがわかります。これをコーヒーに適用したのがネスプレッソです。

つまり、アブダクションのビジネスへの適用の法則は、以下の3点です。

1　既存のアイデアを抽象化し、ビジネスのキモを見つける

2　ビジネスのキモを抽象化し、転用可能なアイデアへ消化する

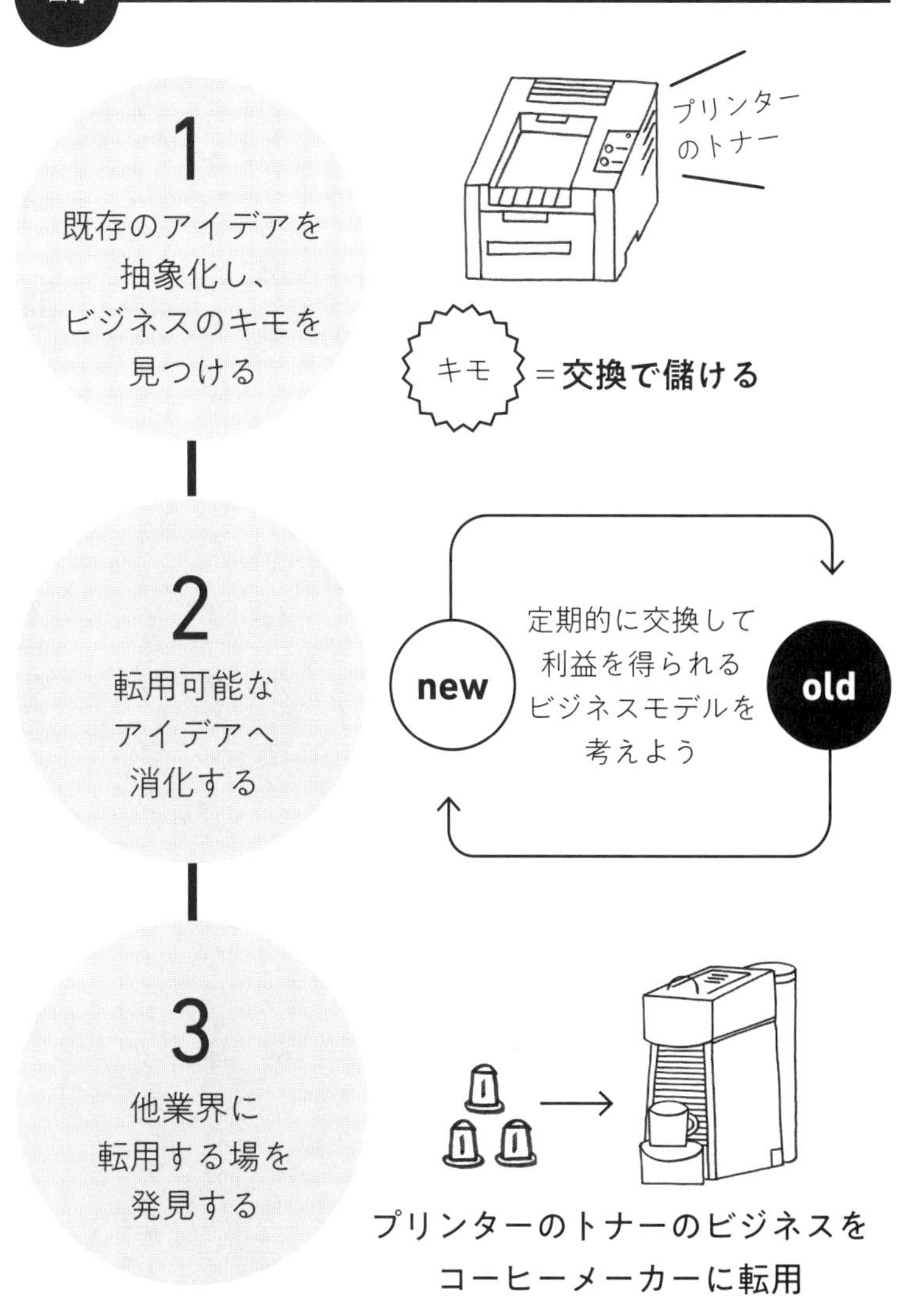
図4
アブダクションのビジネスへの適用
1
既存のアイデアを
抽象化し、
ビジネスのキモを
見つける
プリンター
のトナー
キモ
＝交換で儲ける
2
転用可能な
アイデアへ
消化する
new
定期的に交換して
利益を得られる
ビジネスモデルを
考えよう
old
3
他業界に
転用する場を
発見する
プリンターのトナーのビジネスを
コーヒーメーカーに転用

3　できるだけ遠く（他業界）に、転用する場を発見する

このように、イノベーションの先行領域を見渡しながら、どこに転用できるかを考え、新しいビジネスをつくることができるのが、アブダクションの強みなのです。さらに、ラクスルやネスプレッソの例を見てもわかるように、近年業績を上げている企業は、そもそもアブダクション的なアイデアの転用によってはじまったものが多いのです。

さて、なぜこの話が「ギブ」と関係があるのか

さて、前置きが長くなりましたが、なぜこのアブダクションが「ギブ」と関係があるかというと、「ギブ」が最も小さなアブダクションであるからです。

わかりやすい例として、僕の友人女性のエピソードをお話しします。

今の時代は誰だって、気になる人ができたら、まずＳＮＳをチェックするのではないでしょうか。彼女の場合、相手をデートに誘う前にまず相手の投稿を見て、インドア派かアウト

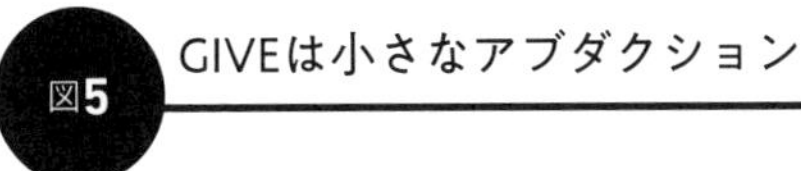

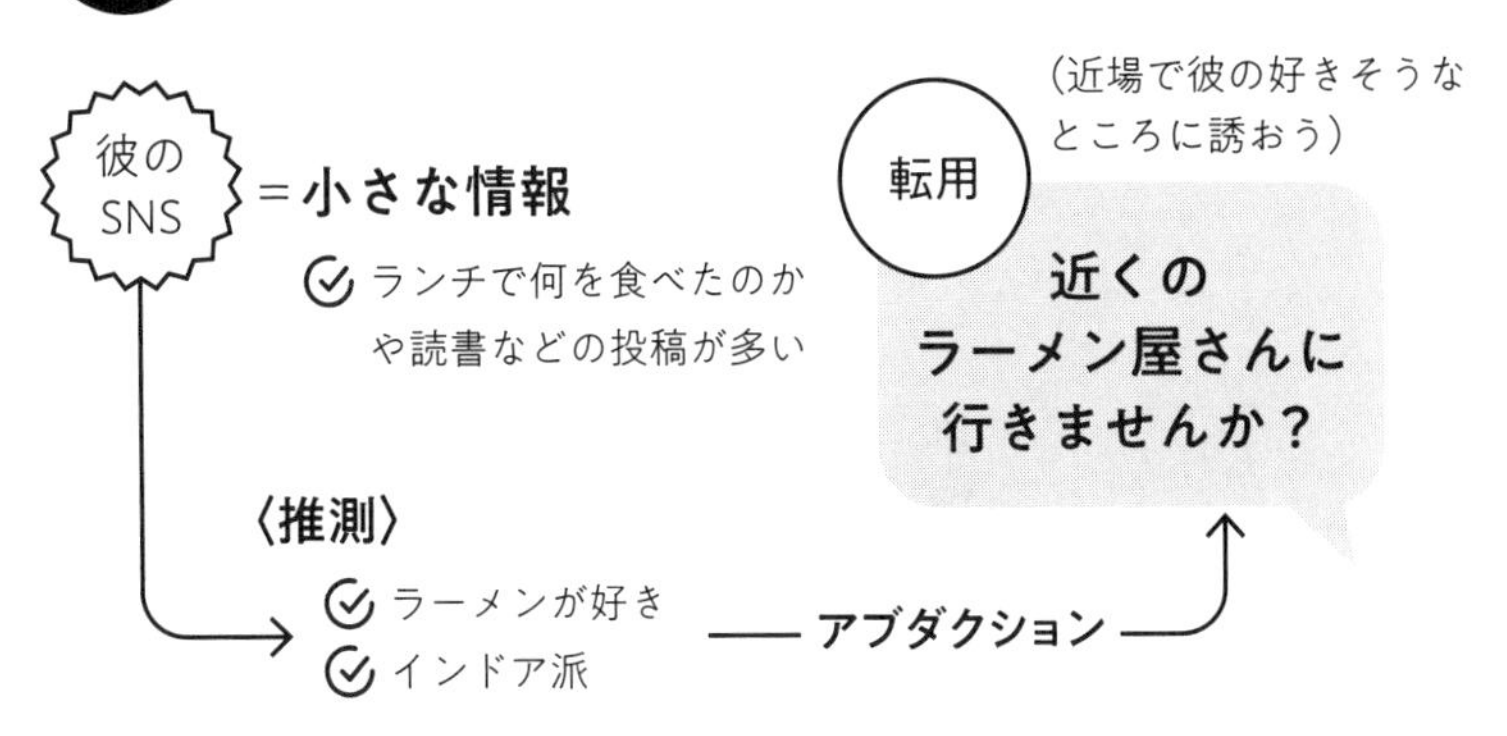

ドア派か、ラーメンが好きなのかパスタが好きなのか、大まかな好みを見るそうです。さらに投稿の時期や頻度をチェックすることで、「投稿頻度が高くなる月半ばなら時間があるだろう」と見当をつけ、さらに相手が投稿したばかりの時間なら、確実にスマホを持っているので、「今度、○○さんの会社の近くで打ち合わせがあるので、人気の○○ラーメンにご一緒してもらえませんか？　1人だと行きにくくて」とメッセージをして誘い出すそうです。ちょっとストーカーチックな話かもしれませんが、彼女に言わせれば「このインターネット社会では、誰もが無意識にこのくらいのことをやってますよ」とのこと。

このように、相手に関する数少ない情報の中から、相手が今何に興味があって、どんな未来を見ているか?を推測、類推し、少しだけ先回りして行動することこそが「アブダクション」となります。この例はあくまで恋愛におけるケースなので、〝相手を誘うこと〟が目的になりますが、これをビジネスに置き換えると〝相手と一緒に未来を冒険する〟ことが最大の目的となるでしょう。

僕の場合、このアブダクションを、新しい時代の流れで、ビジネスがどう動いていくかを推測するために使います。たとえば僕が、東南アジアである最新のＩＴ系プロジェクトに関わったとします。そこで、僕はこのプロジェクトを進めていくとき、〝きっと楽しんで関わってくれるだろうな〟と思い浮かんだ人に、フェイスブックのメッセンジャーから連絡をして、参加を呼びかけます。

このとき、彼らに〝東南アジアのＩＴ系プロジェクト〟というボールをパスしてみることで、「ちょうどこういうビジネスをやってみたいと考えていたんだ」という返答がくるのか、「今はこういうビジネスより、国内のプロジェクトに集中しているんだ」という返答がくるのかで、少なくとも相手が今どんな未来を見据えているのかを察することができます。

そしてさらに、〝システム系専門の彼ならどう捉えるだろうか?〟、〝教育系に明るいあの人ならどう反応するだろう〟とさらに分野を広げ、パスを出してみます。すると、彼らの返答によって、〝それぞれの分野の人たちが、東南アジアでのビジネスをどう見ているか〟がわかり、時代の流れやビジネスとして打つ手が見えてくるのです。

着想は、自分より遠いものに恋することで生まれる

恋愛をはじめ、**すべての人間関係は、「相手の視点に立つこと」からはじまる**と僕は思っています。そう思うのは、僕にとっては相手の視座に立って学ぶことで、「新たな着想を得る」ことこそが魂にとって一番のご馳走だからです。

そして、着想を得るために最も重要なのは、**自分からより遠いものを掛け合わせる**ことだと考えています。

身近な例でいえばコラボレーションです。たとえばロックミュージシャン同士がコラボをしたら、似たような化学反応が起きて、似たようなファンが集まると思いますが、一番人気のＪポップ歌手とインド民謡の歌い手がコラボしたら、その化学反応は未知数であり、新たなファンが広がる可能性もあります。

つまり着想とは、自分より遠いものに恋をすることで生まれると言っていいでしょう。ギブの基本は「相手の視点に立つ」ことでした。そして、相手に喜ばれることで関係性が生まれ、その関係性の中で新たに相手の視野、視座に立って世界を見直していき、さらに相手が喜ぶことをギブします。すると、また反応が返ってきて、あなたの情報は微調整されていきます。やがてあなたの中には、誰かの視野と視座が完全にインストールされた状態になります。気がつけば、街を歩いているだけで、相手の好きそうな情報やアイテムまでもが目につくようになるでしょう。

すると、今度はあなたが何か着想を得るとき、自分からとても遠いところにいる相手の視座と、都内を歩いていて感じる自分自身の視座を掛け合わせて、新たなアイデアを生み出すことができるのです。これを、エンドレスでぐるぐる回していくと、いくつもの視野と視座を持ち、さらにそれを掛け算して生み出す方程式を、強化していきます。こうして、ギブで得た視座を応用していくのです。

さらに僕の場合、異国の地のコミュニティや企業に出入りしているので、今度はこの掛け算を、グローバルで展開できるようになってきます。特に東南アジアなど、急激な成長を遂げている国へ行き、互いから得た視座を掛け合わせると、ものすごい連鎖が生まれます。そこで次々に人をつないだり、紹介したりして、またその反応を得ることで、僕の学びが深まるのです。

ギブで勝ち筋を見出す

ギブすることによって、自分の勝ち筋を見つけることもできます。

より具体的に説明しましょう。たとえば、魚を獲って暮らす海の民にとって、山で採れる木の実や山菜は物珍しく、とてもありがたいものですが、逆に山の民にとって、海でしか獲れない魚介類には山菜以上の価値があります。このように、**自分にとっての当たり前は、居場所を変えれば誰かの「ありがとう」につながる**のです。

僕の場合、スマホビジネスが盛んな東南アジアに行って「東南アジアではじめからスマホがスタンダードだからイメージしにくいかもしれないけど、日本ではスマホの前にモバイルがあったから、スマホビジネスも、モバイルが盛んだったころのビジネスモデルに影響を受けているんだ」と教えるだけで、「そうなんだ、やっぱ違うね日本は」と非常に喜んでもらえます。

　一方、東南アジアでは、ウーバーやグラブ（Ｇｒａｂ）などの配車アプリが盛んなことを受けて、普段は店舗で働いているマッサージ師や美容師を自宅に〝配達する〟サービスが生まれました。店舗側としても、移動コストがかからないし、店の空き時間に出張することで時間やコストを有効活用できるのです。

　彼らにとってはもはや当たり前のビジネスですが、日本人からしてみれば「すごい！　イノベーションだ」と驚くわけです。このように、文化や習慣の違う国々と日本を行き来しているだけで、自分にとっての当たり前をそれぞれに伝えるだけで、相手にとって「ありがとう」に変わるのです。逆に向こうにとっての当たり前は、こちらにとって「ありがとう」になり、これがビジネスチャンスにつながります。

　たとえば東南アジアの場合、マッサージ師が育児で大変な母親の自宅で施術をする場合、その間、誰かが子どもを見てあげなければならなくなります。そこで僕は、配達サービスの運営者に「日本の歯科医院では、親が治療している間、休憩室で子どもにアニメを見せたりしているよ」とアドバイスしたり、「ちょうど、東南アジアで日本のアニメを流通させたい友人がいるから、よかったら紹介するよ」と提案したりして、両者をつなげたりします。

つまり**大事なことは、海の民は山に行かないと魚の価値に気づかないし、山の民は海に行ってはじめて山菜のありがたさに気づく**ということです。よって、海の民にとっての勝ち筋は山村で魚を売ること、山の民にとっての勝ち筋は港で商売することだということがわかってきます。

コミュニケーションの交通整理ができるようになる

また、ギブし続けることで相手の視座をコピーすることが当たり前になってくると、会議などでも、全員の気持ちや立場からものを見られるようになってくるので、自然と交通整理ができるようになります。

理系出身者と文系出身者が一緒に仕事をするシーンで、ありがちなケースを例に見てみましょう。ある出版社のサイトを制作していて、会議室にはエンジニアと編集者が集まっています。実際に傾向として、エンジニアは機能に、編集者はビジュアルにこだわることがよくあります。

しかし彼らに限らずほとんど多くの人は、自分のこだわりを自覚していないのが普通です。

そのため、自分の希望をうまく言語化することができないのです。このため、エンジニアも編集者も、**自分のこだわりに無自覚なまま議論を進めてしまう**のです。

結果、お互いに話の要点が伝わらずにもやもやしてしまうのです。そこで僕の場合、「アブダクション」の例でもお話ししたように、まず両者が何に最もこだわっているかを見て、それぞれ言語化します。

たとえば「編集者さんはビジュアルを重視したいから、トップページの機能を整理して画面をすっきりさせたいとお考えなのではないですか?」「エンジニアさんは納期までに仕上げなくてはならないから、まず機能をどう変えるのかを決めたいのですよね」という具合です。

つまり、相手のこだわりが見えて、「○○さんは本当はこうしたいんですよね」と言語化してあげられるようになると、僕自身にもまた新たな視座が加えられるのです。これによって、エンジニアの視座と編集者の視座が自分に加わり、より広い視座でものごとを見られるようになるのです。同時に、あらゆる人のこだわりがわかると、逆に自分のこだわりがどういうときに「ありがとう」と言ってもらえるかもわかってくるので、おのずと自分の勝ち筋が見えてきます。

自分1人で思いつくアイデアや着想はたかが知れていますが、**遠い人とのコラボによって生み出されるものは無限大です。**大事なのは、海の民は山に行くことで、山の民は海に行くことで自分の勝ち筋に気づけるということ。また、人のこだわりを言語化できるようになると、自分のこだわりを言語化できたり、自分のこだわりの勝ち筋が見えてきたりするということです。このループがはじまると、混乱の時代においても、常に自分なりの勝ち筋を見据えて生きていくことができるようになるのではないでしょうか。またこのループのいいところは、あらゆる人と「ありがとう」を交換しあううちに、人々の多様性を内包していけることでもあると、僕は思っています。
「○○さんは本当はこうしたいんですよね」という、僕とはまた違う未来が見えてきて、その視座を掛け算させることができるようになるのです。

POINT

「誰かの視点」を学ぶことで、出せるアイデアの幅が広がる

「与える人が一番学べる」高速学習法

さて、もう少し応用的な話もしておきましょう。

先述しましたが、大人になっても、学び続けることが必要です、といわれます。

僕にとっての**「学習」とは、相手にギブすること**です。

ただ「学び続ける」と聞くと、「いくつも資格を取り続ける！」とか「1か月で20冊の本を読む！」など、ついマッチョに考えてしまうのではないでしょうか。もちろん資格も読書も大切ですが、「相手の視点を知る」ことが、実はすぐに役立ち、自分にも返ってくる大きな学びになるようにも思います。非常に面白く、楽しく、それでいて1度やりだすとどんどん進化のスピードを上げてくれるものなのです。

そこで、実際に僕がやっている、ギブし続けることによる高速学習の基本を紹介します。

皆さんは普段、どんな情報収集をしていますか？ テレビやネットのニュース、新聞、商談相手との何気ない会話などでしょうか。

僕は、情報収集術の基本は、アクティブ・ラーニングだと考えています。なぜなら、「後で誰かに教える（アウトプット）つもりで聞く（インプット）」と、情報が頭にしっかり入ってくるようになるからです。

コツは、「今、自分が知りたい情報は何か」を自分に問いかけ、〝意識的に〟収集する情報を設定していくことです。そして、知ったことを誰かに話すことを前提に話を聞いたり、本を読んだりすることで、より必要な情報をクリアに選別し、吸収することができます。

ソーシャル時代を生きる僕らは、人が面白いと思う情報をどう選別し、生きた情報をどう収集すべきでしょうか。そのための指針として、ＴＥＤｘＴｏｋｙｏの仕掛け人の1人であり、教育活動家でもあるパトリック・ニューウェル氏が提唱している の4つの問いかけ「ＩＲＥＥ（Interest・Relevant・Engage・Empower）」をご紹介します。

1.「それは面白いか（Is it Interesting?）」

その情報は単純に自分にとって面白いか、興味を持てるか。

2．「それは意味を成しているか？（Is it Relevant?）」

その情報は自分に関係があることか。

3．「夢中になれるか（Is it Engaging?）」または「夢中になっている人はいるか（Is the person Engaged in it?）」

その情報は自分を引きつけるか。自分が夢中になって踊れるものなら、他者も巻き込める。

4．「人々がエンパワーされているか（And are the people Empowered?）」

その情報は力を与えてくれるか。人生を楽にしてくれるものか。

たとえばSNSでシェアされやすい記事や、TEDのトークなどは、右の3、4の要素を含む傾向があります。

これらのポイントを押さえたら、具体的にどう情報収集していくべきかについて考えてみましょう。参考までに、僕が大学3年生のころからずっと続けている習慣について、お話しさせてください。

朝の1時間で完了! 発信型・情報収集術

僕の情報収集は、朝の1時間で行ないます。

1 ニュースサイトやツイッターから、あらゆるニュース記事をチェックします。

2 面白い記事があったら、記事のURLをコピーして、メールにペーストします。

3 そのニュースを読んで欲しい人に、「あなたはこういう視点でこのニュースを読むと面白いと思う」と一言添えて、送信します。

僕はこれを、最低でも20人に向けて、それぞれ違う視点、コメントを添えて、送ります。

つまり、この作業によって僕は20人とIREEしていることになります。

すると、僕はニュースを「このニュースは○○さんの役に立ちそう」「○○さんならこの記事をどう読むだろうか」と常に視点を変えながら読むので、結果、僕は20人分の視点を自分の中に置くことができます。

誰かの目線で記事を読む習慣をつけることによって、僕は取引先と打ち合わせするとき、「どうしたら喜んでもらえるか」を考えて相手の視点に立つことができるようになりました。

また、たとえば彼女ができたりすると、何気なく街を歩いていても、「お、彼女が好きそうな花だな」なんて普段は気にかけないところに目がいって、「プレゼントしたら喜ぶかな」なんて思いますよね？……そう思う僕はロマンチストでしょうか？（笑）

相手に響く観点を見つけるためには、僕の場合、フェイスブックやブログなどの情報発信ツールを見ながらなんとなくその人の傾向をつかみます。大学生のころは、普段の会話の中で、相手が語るエピソードの偏りを見つけるようにしていました。

たとえば、伝統的なものが好きなのか、新しいものを追うタイプか、なんとなくの傾向を見極めることで、その人の好みもわかってきます。何が好みかがわかってくると、相手をレストランに連れていくとき、好きそうな雰囲気のお店やメニューをおすすめできるので、喜ばせることができます。このように、どうしたら喜んでくれるかを念頭に置いて相手の観点を探っていくと、だんだんと見当がつくようになります。

毎日20人の人を喜ばせようと思って情報をチェックすることは、一見大変そうに見えるかもしれません。しかし、実はこの習慣によって一番得をしているのは僕なんです。

なぜなら、自分だけのために新聞を読んでも3トピックくらいしか読まないところを、20人の目で記事を読むことになるので、結果20通りのモチベーションで、60本もの記事に目を通すことができるからです。

さらに、ただURLを送りつけるのではなく、おすすめの理由や記事を読む視点について一言添えて送るのを自分に義務づけることで、RelevantにEmpowerできるもの（自分自身が興味を持てて、かつ、多くの人に力を与えるもの）を探すことになる。自ら情報を差し出すことで、僕は相手の視点を得ることができるというわけです。

つまり大事なポイントは、**情報はギブすればするほど得**だということです。まずは無理のない範囲で、自分にとって気になる人を思い浮かべ、その人数分ではじめてみてもいいと思います。ぜひ1度試していただけると嬉しいです。

返事をくれないことも情報である

1つの情報に対して、自分以外の人の観点を得るときの、具体的なメリットはなんでしょう?

たとえば、僕はあらゆるプロジェクトに関わる仕事をしているので、人に情報を提供することによって、「この人がこの情報に返事をくれたということは、やはり引っかかるものがあったのかな? ということは、この情報に関するプロジェクトをやろうとしているのかも?」という推測を立てることができます。

そして、その人と再会したときに「最近こういうことが起きていますけど、気になりませんか」などと何気なく話すと、「わかるかお前。実は最近こういうことをはじめようとしているんだよ。よかったら、ちょっと助けてくれないか?」と声をかけられるきっかけにもなります。

さらに大事なのは、「返事をくれないことも情報である」ということです。返事をくれないときは、「この人は、この領域に今は関心がない」という情報が得られるわけです。そうするとだんだん、〝この領域に関心がある人、ない人〟という業界マップを描けるようになってきます。気になることが被っている人同士は、何か一緒にはじめようとしている可能性があるので、両者に先回りして、どちらか片方の人とコラボレーションしたりすることもできるわけです。

これらはいったん習慣化してしまえば、朝の1時間ニュースをチェックしているうちに終わるので、時間がかかりません。情報とは、人に与えるものとしては、とても気軽にギブできるものです。どんどんギブしていきましょう。

POINT

情報はギブすればするほど、得になる

「いい質問」は相手にも自分にもギブになる

質問は、一番得をする情報収集ツール

講座やセミナーなどにおける質問タイムは、情報収集術の中でも一番得をする行為だと僕は思っています。収集できる絶好のタイミングで手を挙げられるのはひとつの才能です。なぜなら、質問は情報収集ツールでありながら、自分を印象づける行為でもあるからです。

僕は講座やセミナーに参加するとき、自分だけのための議事録を書きます。講師が何を言ったか、他の生徒の反応はどうだったか、などもメモします。なかでも大事にしているのが、最後の質問タイムでどんなことを質問するかについてのメモをとることです。

たとえば外資系の会議で、詳細な英語を聞き取れなくても、テーマさえわかれば、〝こういう発言をすれば自分のことを覚えてもらえるかな〟とか、空気をあえて読まずとも〝こんな質問をしたらみんながハッとするかも〟と、自分のことを覚えてもらうためにとる行動をメモします。そうすると、後で誰かが「あの発言、よかったよ」と声をかけてくれたりする。いい質問をする人は必ず目立ちますし、強い印象を残します。取引先に出向いて、お客さんと接しているときに自分のことを覚えてもらうのにも、質問は有効です。

質問は、それそのものが情報をギブする行為です。質問をする側は、「僕は今こんな状況だから、こんなことを考えているので、これについて聞きたい」と質問することで〝自分はコレに興味がある人間です〟というアピールにもなるし、質問された側にとっては、〝こういう観点で聞いてくれたのか〟というフィードバックにもなります。質問は、相手と仲良くなる手段でもあるわけです。

毎日情報をギブし続けていると、いい質問ができるようになります。だからぜひ、講座や会議で、グーグルドックスなどで議事録やメモをとりつつ、一方でいい質問をするためのアイデアメモをとる習慣をつけてみてはいかがでしょうか。これらを繰り返すことで、だんだん、人の興味をつかむコツがわかってきます。するとどんなシーンでもコミュニケーションができるようになり、人生がぐっと楽になります。

いい質問をするための視点とは

いい質問をするコツは、相手にはなくて自分が持っている視点を見つけることです。たとえば登壇者がＡＩ事業に携わっている40代男性なら、講演中に話した自社サービスを、10代や60代の他世代がどう感じるのか、はたまた異性である女性ならどう試したいと思ってくれるのかが気になるでしょう。

そこで、10代の学生さんなら「今の学生は、スマホをこんな風に使うのですが、御社のＡＩサービスではどのように置き換えることができるでしょうか」というように、〝学生ならではの視点〟を主軸に据えて、質問するといいでしょう。

たとえば地方にお住まいなら、地域の住人としてのサービスの見え方、プレゼンの見え方のフィードバックを添えて質問すれば、相手にとって非常に有り難いギブになります。実際、僕も地方で講演させていただく機会があるのですが、国内においては東京を中心に活動している身としては、東京以外にお住まいの方が講演を聞いてどう感じているのか、どんな違和感を持つのかなど、とても気になります。

以前、講演前に近くにあった書店に立ち寄ってみたら、その店の売上げランキングの上位ほとんどが仏教をベースにした自己啓発本だったことがあります。つまりこの地域で本を読む人の多くは高齢者らしいとわかります。

都内の書店では、目立つ本棚にビジネス本が平積みされていることも多いです。そのため、いざ地方へ赴いたときにまったく異なる現実を目の当たりにすると、ビジネス本を出させていただいている身としては、地方で暮らす方々にも本を届けるにはどのような工夫をすべきか、どのような言葉で届けるべきか、非常に考えさせられるわけです。

というのも、都内で活動する多くの人は、東京＝日本のスタンダードではないことを理解していますす。たとえば山手線の乗客の8割くらいはｉＰｈｏｎｅを使っていますが、地方でローカル線に乗ると半分くらいで、あとはＡｎｄｒｏｉｄやＨｕａｗｅｉユーザーが多いことがわかります。

これをビジネスとして見たとき、たとえばアプリを作るときに、都内にいると「iPhone向けに特化して作ればいい」と思い込んでしまう。しかし国内レベルで見れば、他社のスマホユーザーのほうが多いくらいかもしれない。つまり、東京を日本のスタンダードに据えてしまうと、偏ったサービスが生まれてしまうのです。

このように、それぞれの地域によってまったく異なる文化や習慣があるわけですから、特に地方公演の機会があるときは、できるだけ現地にお住まいの方の視座を知りたいのです。

POINT

質問には自分ならではの視点をのせる

そもそも、手を挙げる自信がない人へ

しかし、実際の講演の場では、なかなか自信がなくて手を挙げられないという方の声も耳にします。よく聞いてみると、「自分は一流のビジネスマンではないから、自分の意見や視座、質問には価値がないと思ってしまう」というのです。せっかく講演にいらした学生さんや主婦の方も、自分の視野は狭いから手を挙げられない、と思い込んでしまうようなのです。

たとえば地方にお住まいの方の中には、〝東京にいる人が最も広い視野を持っている。自分の視野や意見なんて価値がない〟と思い込んでいる方も珍しくないようです。しかしこれらは、これまでの時代の中でできあがった〝地名ブランド〟や〝肩書〟〝数〟の刷り込みが生んだ自己卑下にすぎません。

むしろ、**〝ここにいる自分だからこそ、異性や異なる年代、地域の人にはわからない視点や視座がある〟**と、唯一無二の価値を持っていることにしっかり自信を持って、堂々と意見やアイデアを打ち出してみて欲しいのです。

自分の価値を知るための旅をしよう

ただし、そのためにはまず〝自分の視座の価値〟を知る必要があります。たとえばどこに住む人であっても、地元の価値を知るには、1度外の世界に出てみて、地元と外の世界の違いを知らなければ、地元の良さはわからないのです。

たとえば旅行は、自分の地域とよその地域とを相対化する上で絶好の機会になりますが、ただ観光客として楽しんでいるだけでは、なかなか違いに気づけないこともあります。なぜなら、観光客とは、〝観光客向けのサービス〟を向けられる存在だからです。

僕の友人のライターさんは、旅をするならなるべく安い民宿やエアビーアンドビーの宿に泊まり、近所のスーパーで食材を買って料理をすることで、少しでも現地の生活習慣に触れるようにしていると言います。なぜなら、スーパーは毎日でも訪れる場所なので、地元とよその地域との違いがわかりやすく、品揃えや価格から、現地の生活や習慣がよく見えるのだそうです。つまり、地域同士を相対化するためには、なるべく現地の生活習慣がわかる場所に赴くといいのです。

すると、〝地元の愛知のスーパーは仏花の品揃えが多いから、これが当たり前だと思っていたけれど、他の地域では極端に少ない。ということは、地元は仏壇への思い入れが、他の地域に比べて厚いのかもしれないな〟ということがわかります。それで調べてみると、実は愛知は京都よりもお寺の数が多いことがわかり、自分には、他の地域に比べて〝お寺や仏壇への思い入れが厚い地域〟の住人としての視点があることがわかり、それが〝自分の視野の価値〟になるのです。つまり、観光客ではなく、旅先の住民の視点を得たほうが、よその地域にとっての〝ありがとう〟に気づきやすくなるのです。

「そもそもそんな旅に行くお金も時間もない！」という人は、インターネットを使ってみましょう。大切なのは、自分以外の人の意見や視野を知ることです。たとえば本を1冊読んだり、DVDを見たりして、一旦自分なりの感想がまとまったら、アマゾンのカスタマーレビューをチェックしてみましょう。自分と同じではなく、なるべく反対の評価をしている人のレビューにも目を通すと、〝自分と反対派の意見の人が見ている視野や視座〟を知ることができます。

他にも、自分の街の旅行ガイドや、トリップアドバイザーをチェックしたり、インスタグラムで、自分の街や県名をハッシュタグ検索してみるのもいいでしょう。すると、「自分にとっては当たり前だったけど、よその人にはこれが〝ありがとう〟なんだ」ということに気づけます。

自分にとっての当たり前が、人にとってのありがとうだということに気づくことも、自分にできるギブや、相手が欲しいギブを知る上で非常に大切なことです。これを押さえれば、おのずといい質問ができるようになっていくでしょう。

POINT

自分にとっての当り前こそ、人にとっての「ありがとう」につながる

気づきを促す高速学習

変化の時代において大切なのは、新しい気づき、つまり新しい視点を得ることです。なぜなら、変化の時代は昨日までの成功方程式が使えなくなり、新しく見いだす必要があるからです。それを踏まえた上で、自分自身の新しい価値を再発見していくためには、あえてまったく違う価値観と触れ、気づきを増やしていくことが重要だとお話ししました。

では、気づきの視点が多い人とは、どのような人なのでしょうか。

オンラインファーストの時代の中で、多様な視点を高速で学習している人やチームの好例を西野亮廣さんや、彼が主催する「西野亮廣エンタメ研究所」のメンバーに見ることができます。

その理由はなぜか？　まず特筆すべきは、サロンの構造です。西野さん自身が旗を立て、冒険の第一歩を踏み出すから、サロンメンバーは彼の冒険の一員であるために、新しいアイデアをどんどん提供するようになります。つまり、先述したアイデアゲームでいえば、西野さんが「新聞」と発言した瞬間に、サロンメンバーによって、何千通りものアイデアが本人の元に一瞬で届くようなイメージです。

しかも、メンバーはなるべく西野さんに面白がって欲しい、彼と一緒に自分も冒険の最前列に立ちたい思いから、少しでも西野さんが思いつかないようなアイデアを練るでしょう。

たとえばメンバーに学校の先生がいたとしたら「うちの学校では新聞紙を雑巾がわりにして、窓を拭きます。実は非常によく汚れが落ちるんです」とアイデアを投げかけるとします。このアイデアは、学校の先生ならではの視点なので、なかなか他の人には思いつけないかもしれません。つまり、メンバーのうち、「離島に住んでいる人ならではの視点」や「本屋のスタッフだから思いつくアイデア」など、その人ならではの気づきの視点が西野さんの元に届くことによって、西野さんは毎時、超高速学習をしているような状態になるのです。

さらに、これらのアイデアがオンライン上で可視化されることによって、サロンメンバーは、西野さんの元に集まったアイデアを、同時に吸収することができます。つまり、「西野さん」という旗印そのものは、あくまでメンバーにとってのアイデア捻出のための壁打ち相手にすぎないのです。しかしそれが「冒険の第一歩を踏み出す西野さん」であるからこそ、より多くの玉が当たる仕組みになっているのです。

やがて、西野さんとともに、サロンメンバーも進化していくことになります。このような進化の輪を、西野さんはオンラインサロンでつくり上げているのです。

彼のサロンの仕組みがわかると、おのずと、イノベーションを起こすチームのつくり方が見えてくるのではないでしょうか。

POINT

アイデアの可視化でメンバー全員の視野を増やす

- 相手の視野に立ったギブを行なおう
- 数を追うことと「何者か」になることは違う
- 他人の視点を学ぶことは、自分を錆びさせないための学びになる

第2章

オンラインで自然につながりをつくる僕の方法

数を追うより1対1で

変化の時代になって、資本主義の性質も変わりつつあります。そもそも資本主義の本質とは、投資をリターンして資本を増やしていくものであり、これまでは「お金」や「コンテンツ」「事業」などが資本の中心になってきました。やがてクラウドファンディングの登場で、会社などの〝組織〟だけでなく、個人でも資本の仕組みを生み出せるようになりました。

こうした流れを受け、今は「人的資本主義」の時代に突入しつつあります。といってもこれは、個人の持つ資質や時間を消費して、1回きりの勝負で終わる「ヘトヘト型」のことを指しているのではありません。むしろ、個人の力を投資やリターンによって拡大させ、再投資させていく「拡大再生産型」へ移ってきているのです。

人的資本における「拡大再生産型」とは、どのようにして起きてくるものなのでしょうか。

まず、ここでいう人的資本とは〝信用と信頼〟です。その信用や信頼は、貯金のように貯めていくことができます。言い換えるなら銀行の複利のようなもので、個人の資質や力に対し、信用・信頼を掛け算式に増やしていくことができます。

たとえば毎日仮に１％ずつ個人の力を上げ、信用・信頼を１・０１×１・０１……と掛け算していくと、３６５日で40倍近くの力を得られる計算になります。逆に毎日１％ずつ堕落していけば、40分の１になってしまいます。

つまり、自分の持っている力が日々１％拡大していけば、１年で40倍近くの信用・信頼による価値を持てる、という計算が成り立ちます。

いずれにせよ、これからはより個人の力を鍛えていくことが大事な時代になっていくのは間違いないでしょう。しかし、資本主義にとってさらに大事なのは、個人の力だけで働くのではなく、個人が生み出した資本が働くようになっていくことです。

この「個人が生み出す資本」こそが、信用・信頼です。その信用が勝手に増えていくこと、信頼が勝手に結果を持ってくるということ――つまり、「個人が生み出す資本」が、あたか

図6 人的資本主義の２つの形

ヘトヘト型

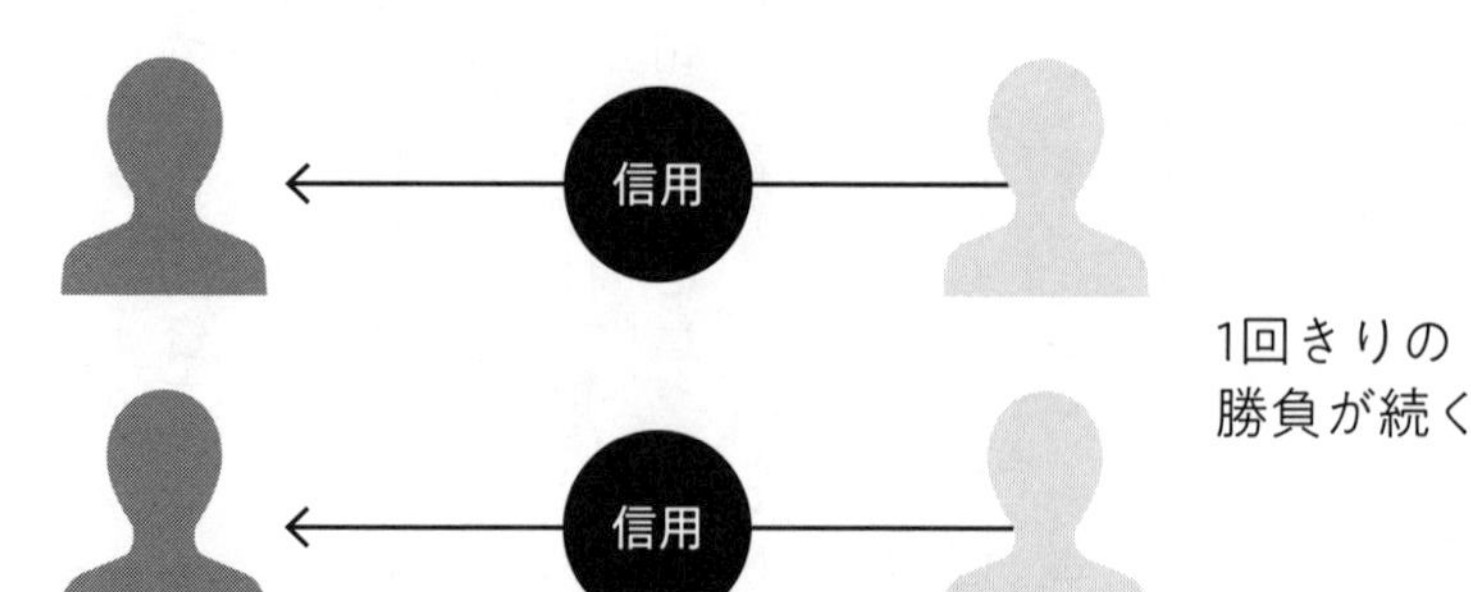

拡大再生産型

〇〇さんに
お願いするといいよ

信用

この人でなければ
できない

信用

信用

も複利のように勝手に独り歩きしてリターンを生み続けることが大事だということです。

信用と信頼は何が違うか

ところで、信用と信頼とはどう違うのでしょうか。

たとえば借金する場合、信用がない人はサラ金で15〜18%もの利息を取られますが、きちんと返済した実績があり、信用が貯まっている人は、より低い利息で借りることができます。

つまり、信用の正体は〝リスクが低い〟ことだと思います。

一方で信頼とは、「この人じゃなきゃできない」とか、「この人と一緒にやったほうが楽しい」という〝プレミアム的な価値を生み出すもの〟だと思います。

たとえばウーバーやエアビーアンドビーは、〝知らない人の車に乗る〟、〝家に泊まる〟という不安を、ユーザーのレビューやスコアによる信用で払拭することでより価値を高め、お金を稼ぐ仕組みです。

さらにウーバーの場合、より客単価の高い大型車に買い換えるとき、スコアの貯まっている優良ドライバーならローンの利率を下げてくれるサービスもできています。信用という資本によって、個人の事業化さえも生まれるようになったといえるのではないでしょうか。

一方で、信頼はあくまで1対1で生まれるものです。皆さんにも経験があると思うのですが、自分にとって強く信頼できる友人が「あなたに紹介したい人がいる」と連絡をくれた場合、「信頼できるあなたが紹介してくれる人なら、信頼するよ」と気軽に引き受けられるものではないでしょうか。つまり、信頼し合える関係においては、〝なにかと話が早い〟のです。

信頼とは連鎖反応を起こすものでもあるのです。おまけに、信頼があると相手を「疑う」ためのコストをかけずに済むので、信頼の確変が起こります。結果、ものすごい速さで人と人がつながり、化学反応を起こしていきます。よって信用や信頼は、スピードの速い変化の時代を勝ち抜く上で重要な人的資本になっていくのでしょう。

ここでは、オンラインでもリアルでも、有用な人間関係をつくっていくために自分で試してみた中で、うまくいったものを皆さんに紹介したいと思います。

POINT

1対1の「信頼」関係を増やしていこう

ネットを介して知り合う人に「好印象」を残す方法

ビジネスの場において、ネットを介して人と知り合うことはもはや当たり前になりつつあります。

たとえば僕の友人らにアンケートをとったところ、「ネット伝いに人と知り合ったことがある」という人は68％でした。そうでなくても、誰でも1度は、「直接知り合うのは今日が初めてだけど、もともとフェイスブックで知っていた」というような出会いを経験していることと思います。

そんなことを友人らと話していると、業界では有名なある人がこんなことを言ってました。

「時々初対面の人から、『フェイスブックを見ると、僕とあなたの共通の知り合いって、50人もいるんです』と挨拶されるんだよね」と。また、「名刺交換をしていると『ネットで見てました。好きです』って言われる。それだけだと反応に困ってしまう」。

もともと、かなりのコミュ障である僕としては、どちらの気持ちもわかるのです。「うーん。おそらく接点の見つからない彼らとしては、少しでも相手と共通の話題を探そうとして〝共通の友達〟の数を持ち出したり、とにかく好意を伝えようとしてそう口走ってしまうんだろうな」と。同時に、「でもそれではお互いに話が続かないだろうなあ」とも。

僕が知る限り、知名度がある人ほど、人のことを肩書で見たり、共通の知り合いの数で人を判断したりしません。しかし、話しかけるほうからすれば「相手ほどすごくもない自分が、何を言えばいいのだろう」と、自信のなさからついわかりやすい表現に走りたくなるものなのでしょう。

でも、それはせっかく出会えた機会を棒に振るような行為です。ではどうすればいいのでしょうか。

仲良くなるための準備はコミュ障でもできる

繰り返すようですが、僕はかなりのコミュ障です。普段いろいろな人と会うので、傍(はた)からはそう見えないらしいのですが、僕をよく知る妻には、「人見知りなりに、ほんとよく頑張ってるよね」と言われます。そのため、僕は人見知りなりに人と仲良くなるための方法、つまりライフハックを大量にストックしており、随時繰り出すようにしています。

たとえば、ちょっと緊張するような相手と初めて会うとき、事前にフェイスブックのウォールを、相手好みにアレンジします。つまり、相手が関心を持つような内容を3つほど投稿しておくのです。すると、僕と会う前にそのウォールを見ていた相手から、「あの記事いいですよね」と会話のつかみにしていただけたりして、内心「よし！」とガッツポーズをしたりします。

フェイスブックは僕にとって茶室空間みたいなもの。事前に相手好みに誂(あつら)えるという一手間で、かなり有効なツールとなります。

こんなのは序の口で、たとえば僕が前田裕二さん（SHOWROOM代表取締役社長）と知り合いたいとするなら、まず彼のツイッターアカウントをチェックし、彼がフォローしているアカウントをすべてフォローしたサブアカウントをつくります。すると普段前田さんが見ているツイッターの光景を自分も見ることができ、さらにどんなポストに反応するのかをつかむことができます。

このツイッターを2か月も追っていると、次第に前田さんの好みのツボがわかってくるのです。そして、今度は前田さんのツイートに対して、思わず彼がリツイートしたくなるようなツイートをしたり、コメントをしたりして、少しずつ興味を持ってもらい、距離感を詰めていくのです。

すると、実際に会える機会が巡ってきたとき、「前田さん、ネットで見てました、好きです」ではなくて、「前田さんって、今こんなことに興味をお持ちですよね。規模は小さいのですが、僕は今その分野で、こんなプロジェクトをしているんです」などと、相手に対して解像度の高い好意の伝え方や、コミュニケーションができるようになります。

……書いていて、我ながら「ねちっこいなあ」とも思うのですが（笑）、ここまでやらずとも、ネットを駆使して相手のことを知ることが、会うときの自信になると思います。

もし、あなたに会いたい人がいて、だけど自分に自信がないのなら、まずは相手をよく知ることからはじめてみてはいかがでしょうか。相手を知ることの解像度が高ければ高いほど、知り合ったとき、思わず弾むような会話ができたりするのだと思います。そしてその積み重ねが、誰とでも楽しく話せる自信をつくるのだと思います。自分の何をアピールするか、というよりも、相手のことを知って、そこに何を提供するか、なのです。

POINT

声をかける前の事前準備で、その後が決まる

マイペースを大事に距離を縮める

ビジネスの輪を広げるとき、誰かと知り合うときは、まず名刺交換をするのがこれまでのセオリーでした。しかし今の時代、フェイスブックなどで友人の人間関係を可視化できることも手伝い、ネットを介して人と知り合うことは珍しいことではなくなっています。

ネットを介して人と知り合うことのメリットは、いきなり直接知り合うよりも、お互いを知る段階を細かく設定し、グラデーションをつけながら距離を詰められることです。

僕の友人らにアンケートをとってみたところ、ネットを介して人と仲良くなったことがある人が63人、ない人が37人でした。

両者に話を聞くと、まず仲良くなったことがない人では「ネットだとどこで誰が見ているかわからないから、相手との距離感が取りにくい」という意見が多かったです。確かに、気になる人にツイッターでコメントをつけようにも、少なくとも自分のフォロワーにはやりとりが丸見えなので、「ちょっと気が引けるなあ」という人は多いと思います。

逆にネットで仲良くなったことのある人の多くは、**「いきなり知り合うより、ネットを介したほうが、あらかじめお互いの温度感を理解しあえる」**と言います。僕自身がそうなのですが、特に人見知りな人にとって、人と知り合うときに重要なのは、まず相手の温度感を確かめることだったりします。

たとえばフェイスブックのウォールに、あるプロジェクトに対して「自分はこれくらい燃えているし、頑張ってる！」とアッツアツの熱量で投稿しているのを見ると、「うう、今の自分はそこまで頑張れてないから、こういう人は話しかけにくい」と感じますし、逆に淡々と仕事の履歴を更新している人だと、「もしこの人と組んでも、冷めてて一緒にやってる気がしないかも」と思ったりします。

コメント欄は非常に人の体温や距離感が出やすいので、見方によっては、距離が近すぎる人、単に肩書に惹かれてコメントを残している人などなど、あらゆるものが見える場所でもあるのです。こんな風に、人の投稿欄を見るだけで、なんとなく自分との体温が合うかどうかが感じられるものです。

つまりSNSやネットのいいところは、自分とちょうどいい温度感でプロジェクトや仕事を進めている人のことが、コメントやブログなどから感じ取りやすいことです。同時に自分も発信することで、「私の温度感はだいたいこれくらいです」ということを、見てくれる人に伝えることもできます。

いきなり名刺交換ではじまるよりずっと、お互いのことが見えやすくなるし、自分のことも伝えやすくなるのです。

ちょうどいい「ご近所さん感」を設定する

また女性の方に多かったのが、「フェイスブックでつながっている友達の友達と、仲良くなったことがある」というものでした。

たとえば、自分の友達のウォールのコメント欄で、友達同士がやりとりしているのを見ながら、「この人のコメント、私と感覚が似てるな」と親近感を覚えるようになり、次第に自分の友達のコメント欄で絡むようになったりすることが多い、というのです。言ってみればこれは、ご近所さん同士の会話を、ちょうどいい距離感からうかがうことができるということです。

つまり、もしネットを介して本当に仲良くなりたい人がいたら、その人の目の届く範囲、たとえば共通の友人のフェイスブックのウォールなどで程よい世間話をしていると、親近感が生まれやすくなるということでもあります。

そこで、気になる人のコメントを「自分もそう思うんだよなー」と思ったら、「いいね！」を押してみるのもいいでしょう。相手にとっても、「あ、この人も同じこと思ったんだな」と伝わるし、ネットを介したコミュニケーションにおいては、これくらい間接的なほうがお互いに嬉しいものです。

僕が言いたいのは、**ひたすらに異業種交流会に出向いて名刺交換に時間を費やすよりも、ネットを介した「程よい」コミュニケーションを、どう設定していくか**を考えてやっていったほうが、今の時代では自分に合う人や、気になる人と仲良くなりやすいこともある、ということです。

ただし、むやみに「いいね！」をしたり、コメントをつければいいというわけでもありません。少なくとも「いい質問をするための視点とは」でお話ししたように、自分にはあって相手にはない視点からのフィードバックやアイデアを添えると、相手に喜んでもらえるかもしれないので、一工夫したほうがいいでしょう。

気になる人がいたら、いきなり特攻して詰め寄って「名刺交換しましょう！」と言うよりも、ネットならではの細やかな距離の詰め方をしたほうが、お互いのペースや温度感を大切に守りながら、相手と仲良くなれることもあると思うのです。

POINT

リアルでいきなり名刺交換をするより、ネットで細やかに距離を詰める

自信がない人ほど「情報の上流」に立つべきだ

情報は、川のように、高いところから低いところへと流れていくものです。そのため、優れた情報収集とは、〝情報の上流にいる人を探し当てること〟でもあります。最先端の情報発信をしている人は、この探し当てる行為がとてもうまいのです。具体的にどういうことか、僕が実践したことのある方法とともにご紹介します。

ツイッターのフォロワーをさかのぼる

情報収集ツールとしてツイッターを活用している人に、ぜひ役立てて欲しいテクがあります。たとえば新しいジャンルに興味を持ったら、そのジャンルでワード検索をしてみて、そのジャンルの最新ニュースを発信している人を数人並べ、さらにそれらの人がフォローしている共通の人を探します。

すると、国内で最先端の情報を発信している人を探り当てられるので、今度はそれらの人を並べて、さらに共通でフォローしている人を探していくと、最新の情報を誰より早く発信している人（＝最上流にいる人）に行き着きます。

その人をフォローすれば、一足早く情報をチェックできるようになります。ただ、その〝早さ〟はせいぜい1日程度のことです。ここでさらに大切なのは、最先端の情報を持つ人と知り合うことです。

本人とさらに仲良くしたいときは、ツイッターで別アカウントを作って、その人がフォローしている人をすべてフォローし、最上流にいる人がどんな人の発言をチェックし、さらにそれに対してどう反応したか、していないかを見ます。すると、その人の好みがわかるようになります。

だいたいの傾向をつかんだら、自分のアカウントで、ちょっと気の効いたコメントを付けて、最上流の人のつぶやきをリツイートしてみる。すると、最上流の人は自分のつぶやきがどんな風にシェアされているかをチェックしているはずなので、「いつもオレのつぶやきをシェアしてくれる人がいるなあ」とだんだん気になり、マインドシェアが高まっていきます。

あとはタイミングを見計らって、メッセージから直接「一度、あなたと話をしたいです」と聞けば、相手も興味を持っているはずなのでだいたいOKをしてくれます。

こちら側も、すでに相手の興味について把握した状態なので、会話も弾むし、何より誰よりも最新の情報を持っている人と、旬の情報についての会話ができるようになれるわけです。大事なのは、情報の上流にどういきつくか、そして集めた情報をどうコミュニケーションのカギに変えていくか、だと思います。

若手社員にすすめたい、食べログ活用術

次は、会社の接待や合コンなんかにも使える「食べログ」を使ったテクをご紹介します。

まず、オープンしたてのおいしいレストランを見つけたら、食べログのレビューをチェックして、そのお店のレビューを最初に書いた人と、2番目に書いた人をフォローします。

これを、イタリアンやタイ料理などジャンル別に分けながら20軒分ほどやってみると、だ

んだん、名前が重なるレビュアーが出てきます。その人が、自分と味の好みが合う人であり、かつ自分の好みの情報の水源近く、つまり自分よりも情報の〝上流〟にいる人です。

そのレビュアーが高評価をつけたお店は、あなたの好みである可能性が高く、しかも、そのお店はまだ他の人には知られてない、まだ流行る前である可能性も高いわけです。というわけで、とにかくそのお店に行ってみます。

もしそこで料理をおいしいと思えたら、必ず毎回違う人を連れて、3日連続で行きます。すると2日目からは「今日も来てくれたんですね」と、お店の人が声をかけてくれます。そこで「今日は大事な人を連れてきました」と言うと、だいたい自分のことを覚えてくれるようになります。

大事なのはここから先です。その後、もしそのお店にしばらく行かなくなっても、半年後に行ったとき、かなりの確率でお店の人は自分のことを覚えていてくれるんです。なぜなら、流行る前のオープン当初に3日も連続で来たお客さんのことは、かなり印象に残っているものです。だから「久しぶりに来ました、よろしくお願いします」と言うと、かなり温かなホスピタリティを受けることができます。

僕はこういうことを社会人2年目あたりから習慣にしていました。なぜかというと、たとえば目上の人を連れて行ったレストランで丁重な扱いを受けると、「こいつ、なぜこんなにいい店で大事に扱われているんだろう」と目上の方から一目置いてもらえることがあるからです。

情報の上流にいる人を探し当てておくと、巡り巡って、コミュニケーションに役立てることもできる、ということです。もしコミュニケーションにちょっと自信がなくても「相手をよく知っている」「相手にとって魅力的な情報を知っている」ということは自信を与えてくれ、強い武器になります。ぜひ参考にしていただければ嬉しいです。

POINT

コミュニケーションの「上流」を見つける

スルーされることにも価値がある

第1章で「おもてなし情報収集術」というものを書きましたが、「せっかく自分が先取りした情報やアイデアを人に明け渡すなんて、もったいないじゃないか」「情報をギブする戦術は確かに面白そうだけど……いきなりメールを送るのは相手に迷惑では？」「無視されたらなんかかっこ悪い」と思う方もいるのではないでしょうか。

これらは簡単に整理すると、以下2つの「不安」にまとめられます。

① アイデアを人に話すことで、手持ちの駒を人に明け渡してしまう心許なさからくる不安

② 要らない情報を送ったら嫌がられるんじゃないかという不安

結論から申し上げますと、これらについてはまったく不安に思う必要はないです。その理由について説明します。まず①について。確かに情報は、人にギブするより、自分だけで抱え込んだほうが得だと思う人は多いかもしれません。ましてや、情報を与えることがライバルを助けることになりはしないかなどと考える人もいるでしょう。

確かに、一昔前までの、一部の人しか情報を得ることができない時代ではそうでした。しかしインターネットの時代では、どんな情報も検索すれば簡単にたどり着けてしまいます。仮に何か新しいアイデアを思いついても、たいがい1週間くらいから1か月くらいのうちに、ライバルも同じことを思いつくくらい、スピードの速い時代でもあります。

そんな時代において、〝情報を持っている〟ということ自体は、もはや大した武器にはならないのです。

それならば、〝いち早く情報をギブする人〟になったほうが、むしろ有利です。どのみち誰かが知る情報だったり、思いつくアイデアだったりするなら、いっそ自分から率先して人にギブすることで、自分以外の人の視点を多く取り込む能力を強化したほうが、これからの時代の武器になると思います。

②について。メールを1通送ることでそこまで迷惑がられることはないので、あまり気にしなくていいと思います。僕も「迷惑だ！」なんて言われたことはないし、誰だって忙しいので、そんなことで怒ったりはしないです。「返事をくれたらラッキー」くらいに構えていただければいいと思います。

たとえば僕の場合、メールを20通送って、返事があるのは3通くらいです。たった3通でも、相手からの「俺はこういう観点でこの情報が面白かった」というフィードバックに、価値があるのです。

POINT

「返事をくれただけでラッキー」というくらいの気軽さで

ネットで自分を打ち出す
――苦手な人ほどネットで練習を

最近は、自ら発信していこう、という風潮もありますが、誰が見ているのかわからない中で、発信していくのは苦手という方もいるかもしれません。

先に僕の意見をお伝えしておくと、インターネットは、リアルコミュニティの同調圧力から抜けていくためのツールとして利用することができるものだと思います。

ここでは、SNSやブログを、その自己表現やコミュニケーションの訓練としてどのように使いこなすことができるのか、考えてみたいと思います。

インターネットのいいところは、自分が放電した「好き」が、すでにアンテナが立っている人（同じ「好き」を持つ人や似たようなことを考えている人）に雷となって落ちる、という開放的なコミュニケーションがとれるところです。たとえばこれを「放電型コミュニケーション」と名付けたけんすうさんは、日々自分が考えたことや思いついたことをポンとインターネット上で発信します。

けんすうさんは、自分にとっては何気ない思いつきでも、ひとまずインターネット上に置いておけば、誰かが反応してくれるかもしれない、その反応によってアイデアが変化したりしなかったりするインターネットの面白さをよく知っています。

よって、常に自分が発火したことを発信し続け、誰かが受け取ることでコミュニケーションが生まれ、仲間が増え、それによってまた新しいアイデアやプロジェクトを生み出す、という好循環の中に身を置いています。

この極端なケースが、楽天市場に出店している店舗さんです。彼らの多くは、自社の商品をインターネット上で情熱的に語り、ユーザーを惹きつけます。たとえば日本酒を扱う店舗さんなら、「仙台の日本酒がこんなに美味しいんだ」ということをサイトやメルマガで情熱的に語り続け、印刷するとそれだけで2メートルにもなりそうな熱量の「好き」を発信しています。

今、インターネットは検索ではなく「探索の時代」になりつつあります。つまり何か目的を持って検索されるツールより、暇つぶしのために〝探索〟するツールになってきている、ということです。その中で、「なにか美味しいワインはないかな」「なにか面白いものはないかな」と探索している人に雷が落ちるのです。

おまけに、情熱的に語られる「好き」はエンタメにもなり得るので、より多くの人の心を動かしたり、コミュニケーションを生んだりします。また、熱量の高いものはシェアされやすいものでもあります。

インターネットで自分を打ち出すコツ

しかし、彼らもはじめからインターネット上のコミュニケーションをうまくこなしていたわけではありません。現在インターネット上で自分を表現したりコミュニケーションすることを楽しんだり、ビジネスに活かしたりしている人の多くは、〝まずはボールを投げてみること〟、そして〝投げたボールを誰かにキャッチしてもらうこと〟を何度も経験し、訓練し、繰り返すことで現在に至っています。

誰にキャッチしてもらえるかわからないボールを投げるのは、はじめは勇気がいるものです。なぜなら、リアルのコミュニケーションでは、ボールを受け止めてくれるとわかっている相手としかキャッチボールをしないのが普通だからです。

しかし、自分なりの熱量によって語られた「好き」をインターネット上で発信し続けていくと、あるタイミングで、誰かが受け止めてくれるという経験を得られます。

そこでまたボールを投げ、キャッチしてもらうことを繰り返していくと、発信することに抵抗がなくなっていきます。このキャッチボールをうまくやるコツは、シンプルに繰り返して慣れてしまうことでもあるのです。

たとえ誰にも受け取ってもらえなくても、落ち込む必要はありません。受け止めてもらえなかったら、**「今度はどう投げれば受け止めてもらえるかな?」**と考え、工夫すればいいだけなのです。まずは、繰り返すことからです。

インターネット上で自分を打ち出す経験を重ねることによって、自信が得られ、表現する力や勇気が少しずつ鍛えられると、いつしかその力をリアルコミュニティでも活かしていくことができるでしょう。

ネットで居場所を見つける

もう1つ、ネットの中に自分の居場所を見つける方法について話しておきます。

同調圧力の中で自分を表現しきれない人にとって、インターネットは自分を知り、表現し、共有していく上での大切な居場所にもなり得ます。

しかし、いきなり不特定多数の人に発信するのは怖い、という方もいるかと思います。そこで、インターネットでの発信方法のハードルをより下げて、気軽にできるやり方をご紹介したいと思います。

インターネットのいいところは、「好き」を発信することで、同じ「好き」を持った仲間を見つけやすいところです。さらに、匿名アカウントを持つことで、知人に知られるのが恥ずかしいような「好き」さえも、堂々と発信できることです。

たとえば、僕の友人の女性はＳＥＫＡＩ　ＮＯ　ＯＷＡＲＩの大ファンなのですが、ママ友界隈や職場では好きなアーティストの話ができないので、ツイッターで匿名のファンアカウントを持ち、同世代のファンと交流しているそうです。

それも、はじめはアーティストの話題を共有する場だったのが、同世代の気安さもあり、だんだんと育児や主婦業、仕事との両立などの悩みを打ち明け合う場にもなり、「心安らぐ居場所になりつつある」と言います。

さらにインスタグラムなどのハッシュタグ機能は、「好き」で人をつなげる機能を果たします。たとえば、京都に住んでいるサラリーマンの友人は「週末のランニングが生きがいだ」と言うのですが、よく話を聞くと、彼の楽しみは実はランニングそのものではなく、ランニング中に出会う景色をインスタにアップすることにあったのです。

京都を走り、#ランニング #京都などのハッシュタグで趣味仲間や京都に興味がある人とつながり、彼らにとっておきの写真を共有する楽しみがあるからこそ、ランニングが続いているというのです。

こうして会社や地域での交流ではつながれない人との交流や、表現しきれない自分の「好き」の時間や空間をインターネット内に持つことで、彼は日々のルーティンに自分の個性を摩耗されないよう、自由で繊細な心の空間を守っている、ともいえるでしょう。

僕は、心の居場所としての空間や時間をインターネットに持つことは、同調圧力の中で苦しむ多くの人にとって、健全に生きていく上での保険ともいえるくらい、重要な習慣になり得るのではないかと考えています。

「好き」を発信することで生まれる自己肯定感

「好き」でつながると、自分でも何かを発信したくなってくるものです。

インターネット上で「好き」を発信し続けていくことで仲間と出会い、交流していくと、今度は「同じ好きでも、私とこの人とではちょっと違う」という微妙なズレに気づくようになります。

たとえば一口に「シュークリームが好き」と言っても、カスタードのこってり感が好きなのか、生クリームの滑らかさが好きなのか、それともパイ生地のしっとり感が好きかどうかで、さらに「好き」を細分化していくことができます。つまり、「好き」を深掘りし、細分化していくことで生じる他者との距離感をつかむことこそ、自分の個性を綿密に縁取っていくために大切なステップなのです。

そして、なかなか人には伝わらない「好き」を見つけ、それが相手に伝わるよう、試行錯誤しながら発信したものが誰かに深く理解されると、とてつもない喜びを感じられるものです。

こうして、「人と違って良いのだ」という自己肯定や、「人と違う感覚を誰かと共有できるんだ」という快感や成功体験を小さく積み重ね、育んでいくことで浮き上がってくるのが「個性」なのではないでしょうか。

何より、人とは違う「好き」を理解された、受け入れられた体験があると、今度は人と違う「好き」を持っている人に優しくなれるものだと思います。

この先の混沌とした時代を生きていく上で、「好き」を持つこと、「好き」を表現できる居場所を持つことは、生きていく上での力や保険にもなり得ると思います。そして僕は、あらゆる人にとってインターネットが「好き」を共有できる居場所であり続けるべきであり、ツールとして使いこなす価値があるものだと思っているのです。

自分の「好き」によって〝ここではないどこかとつながる窓〟としての機能を果たすものとして、かつては雑誌がありましたが、今ではオンラインサロンになりつつあります。簡単に言うと、今いる環境で自分をうまく打ち出すことができない人は、より本音に近い自分を出す訓練の場所として、オンラインサロンを利用するのも手ではないか？という提案です。

POINT

キャッチボールを繰り返そう

「肩書」がなくなっていく時代の自分の見つけ方

これまで「○○社のAさん」だった自分が、○○社という「肩書」がなくなったら周りの反応はどう変わっていくのだろう？と不意に不安な気持ちに駆られたりしませんか？

僕たちは〝自分〟というものを、「○○さんちの娘のAちゃん」「○○学校卒のBさん」「○○社のCさん」という風に、家庭や学校、職場、地域コミュニティなどの「肩書」によって自己紹介を済ませられる、という環境の中で生きてきました。しかし時代の変化の中で「肩書」は、あなたを表現し、説明してくれるものではなくなりつつあります。

現代はもはや「村のみんなで助け合って生きる」という時代ではなくなり、「別に自分を救ってもくれない共同体に、期待なんかしない」という白けた気分が人々に蔓延しています。

一方で、マズローの5段階欲求にも数えられるように、所属欲求自体が失われたわけではありません。所属することの心地よさは求められています。だから、様々なパーティ文化が広がったり、盆踊りがブームになったりするのだと思います。

でもそれらの所属は、一時的な消費です。

ではこの所属欲求をどうやって持続的なものにして、「応援し合う仲間」のような新しい共同体を求めていくのか？　所属している「肩書」があなたの自己紹介をしてくれない状況で、どうやってあなた独自の自己紹介を見つけていけばいいのか？

その需要に応えているのが、今話題を集めているインターネットサービス「SHOWROOM」なのだと思います。

SHOWROOMと甲子園野球

SHOWROOMとは、タレントから一般人まで、誰でもインターネットで生配信ができ、さらに視聴者（ファン）とも交流できる双方向型のプラットフォームです。PCやスマホから気軽に配信でき、ファンはお気に入りのアイドルを直接応援することもできます。アイドルの中には、月間売上が1000万円を超える方もいます。

SHOWROOMは、甲子園野球の熱狂にとてもよく似ています。高校野球は、そこで走っているバッターもピッチャーも、別に親戚でもなんでもないのに、ただ〝おらが県の代表〟ということだけで、選手たちの熱意を応援したくなるし、応援される期待感の中で、選手たちも実力以上の力を発揮できたりします。

その結果、今までなし得なかった目標を達成したときに、頑張っているほうも応援しているほうも、同じ陶酔感を得ることができるのです。推して推されることで高め合う高揚感が、そこにはあります。

一方で、これは「都道府県」という共同体の幻想の上に成り立ってきた熱狂です。さらに、野球の試合2時間のために熱狂し続けるほど、みんな暇じゃなくなってきた。そこで、甲子園の熱狂やそこにコミットするタイミングを、圧縮させた濃厚な経験として与えているのがAKB48に代表されるアイドルグループなのだと思います。

ファン同士のコミュニケーション設計

ＡＫＢ48といえば、握手券で応援が可視化され、総選挙でランクアップするなど、ゴールに向かうわかりやすい構造が特徴です。そしてそこには、推すことに陶酔する仕掛けが濃縮されています。ＳＨＯＷＲＯＯＭは、この構造を、誰もが参加できるようにプラットフォーム化したものなのです。つまり演者（アイドルなど）が生配信の中で歌ったり踊ったりして、それをファンが応援することで生まれる熱狂をオンライン上にいつでもできるようにつくり出しているのです。

もちろん、歌うことや、笑わせることでもいいし、話すこと、ただ黙々と作業している様子を見せることでもいい。さらには、ＳＨＯＷＲＯＯＭの誰かを応援している人がその応援（演者の魅力など）を語ることで、他の人が彼の応援を応援するというメタな構造が生まれてきているのも、興味深いところです。

ＳＨＯＷＲＯＯＭでは、視聴者は、画面上でアバターとして表示されており、中央画面に表示される演者をまるでステージ下から見守るように、先着順に配置されていて、さらに課金アイテムで演者を応援した人も、可視化されるようになっています。

さらに視聴者同士で、エールの交換もしあえる。AKBファンが同じ〝推しメン〟同士で交流し合うように、視聴者同士が交流したりする機能もついているのです。たとえば人気アイドルのライブ配信を見ると、最前列のアバターの衣装が全員、演者とお揃いだったりして、視聴者同士の所属意識を反映する仕掛けがあちこちに満載されています。

つまり、ある目的を持って動いている人の熱狂に対して、いかに集団を意識しながら、その中に〝自分〟を獲得していくか。いかに熱狂の中に、何らかの所属感や達成感を得るかが、SHOWROOMの求心力なのでしょう。

これらは会社や学校、出身地という「肩書」が自分を守ってくれなくなった中で、何を応援し、応援されるかという「好き」や「熱意」が互いを結びつけ合う連帯によって、自分を強くしてくれる、時間と距離に関係なく、「好き」が結びつきやすいインターネットらしいサービスです。

なにより、自分が熱を持つ好きな人（推しメン）、好きなこと（推しゴト）を語ることは会社や出身校といった「肩書き」的な自己紹介よりもずっとずっと自分らしさを発揮できます。そして、好きなこと（推しゴト）を追いかけることが誰かの応援を呼び込み、それがお金につながり、おしごと（お仕事）になっていく、ステキなことだと思います。
「肩書き」を離れた、あなたの〝推しゴト〟を見つけやすい時代を楽しみましょう。

POINT

「好き」や「熱意」でも自分をアピールできる

「お互い様」で人間関係を更新していく

僕は時折、イベントの開催などを告知したいという方から、「この情報をあなたのSNSのタイムラインでシェアしてくれないか」とメッセージをもらうことがあります。

こうして依頼されること自体は嬉しいのですが、来たものすべてを投稿していると、僕のSNS自体を読んでくださる方からの信頼度が下がってしまうので、「拝読して、共感できたらシェアしますね」とお返事するようにしています。僕自身が強く共感できなければ、シェアしても誰にも伝わらないと思うからです。

ただ、そう返すと返事が来なくなったりすることもしばしばです。そもそも、依頼メール自体が、コピペの一斉送信だとわかる文面なので、そういった機会に触れるたび、「ああ、もったいないなあ、〝お願いごと〟は信頼関係を築いていく上で大事なコミュニケーションなのに、これでは〝私は関係をおろそかにします〟と自己紹介しているようなものじゃないかな」と思ってしまいます。

もちろん、僕もよく人に頼り、甘えながら生きています。だからこそ、「お互い様」ってなんだろうと、日々考えています。僕が考える「お互い様」は、「僕もあなたに頼るけど、絶対に人生の中で、あなたに恩返しするから」という気持ちで頼る関係かな、と思っています。

「いいお願い」をしあえているか

ここで大事なポイントは、お願いされた相手にとって「これは俺にしかできないもんな」と、嬉しい気持ちにさせるものであること、ではないでしょうか。

これは「いい質問」と同じ原理です。いい質問とは、答える相手に「なるほどそんな着眼点があったか」と、インプットを与えるようなものです。

つまり、「いいお願いごと」とは、相手にとって「しょうがないなあ、俺にしかできないだろう?」と、つい腕まくりをしてしまうような、相手の心をくすぐるようなものであり、こちらもそういう気持ちを起こさせる作法を尽くすことが大事だと思うのです。

たとえば、僕は何か考えごとをしたりアイデアをまとめたいときに、ライターや編集者の友人らなどにぽんっとメールしてみることがあります。その段階ではまだ感情的で流動的な考えをつらつら書いたものにすぎないのですが、文章を取り扱うお仕事をされている方々はやはり言語化のプロなので、何かしら形にしてフィードバックしてくれます。

これは、彼らにとっても「お、言語化任せて」「ちょっと息抜きに整理してあげようかな」と、気持ちよくできることだったりします。もちろん相手が忙しいときはスルーされたりもしますが、時間があれば返してくれることも多いです。得意なことをお願いされると、嬉しいものです。そういう、〝It's my pleasure〟な気持ちを湧き起こすお願いの仕方が大事だと思うのです。

「君だから頼みたい」と、リスペクトを提示する

人にお願いするときの作法として、相手との関係性を考慮しながら、「長い付き合いだから、お互いに迷惑も掛け合いながらやっていこうね」という前提が共有できていることも大切です。そのためには、お願いごとをするときに「あなたのこういう特技を尊敬しています。あなただからこそ頼みたい」と、きちんとリスペクトを提示するべきだと思います。

逆にリスペクトが感じられない一方的なコミュニケーション、たとえば一斉送信メールだったり、都合のいいときだけ頼っていたりすると、相手に「搾取されてるのかな」と不安を抱かせてしまうものです。

とはいえ、僕も複数の人に同じお願いごとをするときがあります。そういうときは、あえてメールのテンプレ部分がはっきりわかるようにして、その文面のはじめに「あなたはこうだからこう頼りたい」と書きます。

そして終わりには、「これに関連して、今僕はこういうこともやってるから、興味あった

らフィードバックするよ」と一言添えたりします。そうすると、相手もまた頼りやすくなったりします。

つまり、僕が考える「お互い様」の根底にあるのは、お互いの関係性を刺激しあうことだと思います。お願いごとにリスペクトを添えることで、「あなたのここがすごいよね」と暗に伝えあう。それが、僕と相手の関係をより心地いいものに更新していくのだと思うのです。

POINT

依頼の際は「尊敬」を言葉にして伝える

信念と柔軟に付き合う方法

ネットでもリアルでも、誰かとぶつかってしまうことがあります。個人の時代といわれますが、個々が信念を持てば持つほど、衝突してしまうこともあるかもしれません。

つい先日、友人からこんな相談を受けました。

「仕事で、部下に対してものすごくきつい怒り方をしてしまうときがある。普段は許せても、〝これだけは許せない〟ラインを越えられると抑えられない。でも、あとで自己嫌悪になるんだよね。俺が怒っていたことは正しいのかな？　いや正しいはず……って、堂々巡りになる」と。

彼は非常に正義感が強く、まっすぐな信念を持った男です。だからこそ人に信頼され、数々の業績を上げています。しかしこの信念が、アダになってしまうときもあります。ひとたび部下が自分の信念に触れるタブーを犯したとき、猛烈に怒ってしまうのです。つまり、感情に溺れてしまうのです。

ではなぜ、こういうことが起きるのでしょうか？

そもそも人は、目の前にある情報を、すべては受け取っていません。たとえば、妊娠中のパートナーがいる男性は、買い物に出かけると自然とベビーカーや育児本などに目がいくようになります。その脇に釣り用品やガーデニング本があっても、視界には入りますが情報として捉えていません。つまり、人は情報を受け取るとき、自分にとって優先的なものばかりを捉えるようになっているのです。

そして多くの場合、目に見える情報を、価値観、主義、今までの経験などで捉え直すことで、意味づけをします。たとえばシンプルな洋服が好きな男性なら、キャラクターがたくさん描かれたベビー服を見たとき、「うちの子にはもっとシックな服を着せたいな」などと考え、「我が家はキャラ服禁止！」と、一人静かにプチルールを決めたりします。

このように、人は自分のフィルターをかけて世界を見て、さらに意味づけをしているものです。

かといって、もし実家の両親がキャラ服を送ってきたとしても、それで「ルール違反！」などと怒ったりはしないでしょう。つまり個人の価値観レベルに収まる範囲なら、もし他人の振る舞いを見て違和感を覚えたとしても、どこかで「これは、あくまで自分の価値観では許せないことだけど、まあ人それぞれだよね」と思えるのです。

しかし、これが価値観より力を持つもの、つまり**「主義」や「信念」に引っかかってしまうと、つい怒りを暴走させてしまう**のです。

僕には、友人の気持ちがよくわかります。というのも、僕自身、似たような経験があるからです。

僕の場合、主に2つの信念があります。1つは、「プロフェッショナルはプロフェッショナルらしく、価値と結果を出すこと」。もう1つは、「何があっても仲間を守る」ということです。そして僕は、それなりの立場のある方で、プロらしくない振る舞いをする姿を見たときや、仲間を傷つけられたとき、「プロはプロらしくすべきだ！」「僕の仲間を傷つけるな！」と非常に強い怒りが湧いてしまいます。

なぜ、信念に触れると感情が暴走しやすいのか。それは、信念とは、その人が生きるエネルギー源であるからです。僕の場合、常に「プロたる価値を出せているか」「仲間を守れているか」と自分に問いかけますし、それを達成していると思えるとき、無上の喜びを感じます。だからこそ頑張れるし、やる気が続く。

それくらい大切な信念だからこそ、それに反した振る舞いを見ると、許せない気持ちが湧いてくるのです。僕は、立場の弱い人に対しては何も感じないのですが、立場の強い人、影響力を持った人に対して、「リーダーたる者がなぜだ」と怒りが湧いてしまいます。

信念を否定もせず、押し付けもしない

この信念が「あの人は許せない」と感情によって暴走してしまうと、今度は自分へのブーメランになってしまいます。「僕だって、それほど価値を出せていないんじゃないか」「本当に仲間を守れてるかなんてわからないし」などと、今度は自分を傷つけてしまうのです。しまいには、自己嫌悪からつい「自分の信念なんて」と否定したりします。

感情に溺れないために大切なのは、自分の信念や価値観を正しく認識して、それを他人に押し付けず、かといって否定もせずに、付き合っていくことです。暴走させたり自己嫌悪し

たりするのではなく、常にニュートラルを保つことです。

そのためにまず大事なのは、たとえそれが自分にとっての信念であっても、相手にとってはそうではないことを知ることです。なぜなら、相手にも自分と同じように、まったく別の信念や価値観があり、それはそれで守られるべきものだからです。と同時に、自分の信念も価値観も、守られるべきものであり、否定しなくていいのです。

相手を否定して自分を肯定するでも、相手を肯定して自分を否定するでもなく、「どちらも同じくらい大事な信念を持っている」と捉えるといいのではないでしょうか。

一見、当たり前のことを言っているようですが、信念を持って突き進むタイプの人ほど、陥りやすい罠でもあります。まずはここを押さえておきましょう。

POINT

自分の信念も相手の信念も否定しない

人間関係で消耗せず、穏やかな気持ちで働くコツ

自分の信念とうまく付き合い、暴走させないための方法として、実際に僕も試して、非常に効果のあった簡単なやり方を紹介します。

自分の信念とうまく付き合うためのコツは、自分の信念がなんなのかをより具体的に認識することです。まず紙とペンを用意して、自分の感情が激しく動いたり、イラっとしたときのことを思い出していきます。

そしてそのときの状況を思い浮かべて、「なぜこんなに悲しいのか」「どうして辛くなるのか」「怒ってしまうのか」と問いかけます。

すると、感情に溺れてしまったときというのは、自分が「こうあるべきだ」「こうならなくてはいけない」と思っていたことと、起きたことや相手の態度が離れているということに気づきます。この「べき論」があなたの信念なのです。

一見簡単な方法ですが、自分の中でもやもやしてしまう感情の根っこを言葉で書き出すと、驚くほどスッキリします。

ここで書き出されたあなたの「べき論」は、いずれも自分にとって大切な心のエネルギー源であることをまずは認めましょう。僕の場合、「プロは結果を出すからプロなのだ」「何があっても仲間を守るのだ」とこだわることで、毎日を頑張れます。

その上で、自分にとって合理的なこの「べき論（=信念）」は、同じく信念を持つ他者に押し付けた途端、非常に不合理になることを認識します。僕から見れば大事なことでも、相手は相手の信念でやっているのだから、第三者目線で見れば「尾原、なんでそんなにこだわるの」となる。つまり、不合理なのです。

そこで、感情に溺れる前に、信念と話し合うのです。たとえばもしオフィスなどで自分にとって許しがたい事態が起き、「こうするべきなのに！　わー！」と怒りがはちきれそうになったら、とにかく1度、トイレの個室にでも駆け込んでしまいましょう。まずは1人きりになってから、信念と話し合うといいです。人目があったり、今まさに信念を刺激する対象が目の前にあったりすると、なかなか冷静になんてなれないですから。

僕の場合はこんな感じです。「確かにプロはプロとしてこだわったほうがいい、できればそうしたい。……でも、こだわらなくても、案外形になることもあるよね」とか、「それで致命的にはならないよね」など。

つまり、自分が考える「べき論」は、誰にとっても100％の真実ではないことに気づいて、まず冷静になるのです。すると、自分にとっては合理的でも、相手にとっては不合理になることが、冷静に見られるようになります。

同時にもう1度、自分の「べき論」を、自分の心の中でちゃんと認めましょう。「決して気持ちはよくないけど。せめて自分だけは、しっかりプロに徹しよう。そのほうが気持ちいいから」と。そうすることで、大切な心のエンジンをむやみに暴走させることなく、また、自己嫌悪に陥ることもなく、むしろエネルギーとして活用することができます。

POINT

感情の根っこを書き出してみよう

地頭が良い人には、「苦手な人間」がいない理由

変化の時代において求められる地頭の良さとは、生まれつきのＩＱの高さや幼い頃からの教育によるものではなく、「常に物事を新鮮な目で捉え、考え続ける能力」であると以前お話ししました。今回は、これまで僕が「この人は地頭がいいな」と感じた人たちの思考癖をもとに、誰でも後天的に身に付けることができる地頭の鍛え方をご紹介します。

そもそも、地頭がいい人の思考癖とはどんなものでしょうか。一言で言うと、「ある２つの物事に対して、抽象度を上げ下げしながら、共通点を見出す」という思考パターンです。

たとえば、野球の巨人ファンと阪神ファンは犬猿の仲で有名ですが、１つ抽象度を上げると、どちらも熱狂的な野球ファンであると捉えられます。

さらに抽象度を上げると、両者をスポーツ好きと見ることもできますが、そこまで上げるとなんだか実感のないものになってしまいます。つまり、物事の抽象度を適切に上げ下げし、捉え直すことで、一見相反する者同士の間に共通点を見つけることができるのです。つまり巨人ファンと阪神ファンは、「熱狂的な野球ファン」という共通点でもって、実は熱い同志にもなれるのです。

このように、問題の抽象度を上げ下げしながら考えられるようになると、ビジネスにおける課題解決の糸口を見つけられるようになります。

苦手な相手と自分との共通点を考える

大事なのは、物事の抽象度を上げ下げする思考を、日頃から訓練することです。

その方法としておすすめなのが、一見自分とはまったく関わりのなさそうな人と、どんな共通点でもって仲良くなれるかを考えることです。つまり、相手と自分の間で抽象度を上げ下げしながら、仲良くなれるポイントを探すのです。さらに、その対象が、なるべく自分が自己嫌悪を持ってしまうような苦手な相手だと、なおいい訓練になります。

たとえば、最近はツイッターで歌手やアイドルのファンコミュニティが可視化されるようになったことで、熱狂するファンたちに対して、「信者みたいで怖い」と水を差す人も増えるようになりました。僕はSEKAI NO OWARIが好きですが、SNSでは彼らを「厨二」と揶揄する声も多いですし、「セカオワは好きだけど、ファンは信者みたいで怖い」という意見も少なくありません。

しかし、一見すると厨二病っぽいセカオワの歌詞には、実は学校のクラスや会社での同調圧力の中で揉まれているマイノリティの人たちに、光を当てる役割があったりします。ファンは、それによって救われている人たちだ、という観点から捉え直すと、実は自分と同じ痛みを抱えているのかもしれない、と想像することができます。

このように抽象度を上げ下げしていけば、自分とセカオワファンの間には、「マイノリティである痛みを抱えている」という共通点を見つけられるのです。すると、自分とは違う種族に対し、「なんか気持ち悪いな、批判してやれ」という嫌悪感がなくなり、むしろ自分との共通点を見つけ、「お互い頑張ろうね」と、仲間になることができるのです。

地頭がいい人は「フットワークが軽い」

地頭が良い人たちのもう1つの共通項は、物事に対する先入観がないことです。なぜなら彼らは、常に抽象度を上げ下げしながら物事を捉えることで、「どんな相手も自分の仲間」だと思っているのです。だから新しい場所にもすっと飛び込めるし、フットワークも軽いのです。

まとめると、地頭の良さとは、物事を、複数の視座から考え続ける習慣です。このサイクルが自走し続けると、先天的なものと定義されがちな地頭の良さを、どんな人でも、後天的につくることができるようになるのです。

世の中の出来事をいろんな視点から見ると、どんな情報でも自分の参考になることに気づけます。

たとえば学生のOB訪問を面倒臭いと思う人と、楽しいと思える人の違いはなんでしょうか。前者にとっては「忙しい時間を学生のために削り、あれこれ教えなきゃならないアウトプットの場」でしかありませんが、後者にとっては、「今時の学生が考えていることを教えてもらえる貴重なインプット体験」になります。後者のようになれば、どんな時代でも、恐怖せずに楽しみながら生きる力が身についていくのです。

POINT

相手との共通点がわかれば、どんな人でも仲間になる

まとめ

- 人間関係を「ヘトヘト型」から「拡大再生産型」へ変えよう
- ネットにはネットの人間関係のつくり方がある
- 「好き」を表現できる居場所を持とう

第3章

オンラインファーストの時代に自分の武器を見つける

「生きがい」で食べていく人生マップ

昨今、〝好きなことで稼ごう〟という趣旨の本がとても増えたため、「好きなことが見つからない！」と焦る人も同時に増えてしまったようです。この章ではそんな「好き探し症候群」における余分な力みや誤解を解きながら、「何をギブしていけばいいか」ということについて考えたいと思います。

まず、好きなことやライフワークは、〝あったほうが人生が豊かになる〟ということは間違いないのですが、〝なければ不幸です〟というわけでもないです。ただ、「好きなこと」に対して、アンテナを張る、自覚的であることは、どんなときでも自分の視野を広げてくれると、僕は考えています。

それはなぜか？　たとえばサラリーマンになると、どうしても日々のルーティンワークの中で、〝心惹かれるもの〟について、気を向けなくなってしまいます。なぜなら、自分の目標を、組織（会社）の目標そのものと同一視してしまうようになり、個人としての希望を顧みる時間が減っていってしまうからです。

さて、勤務中はきっちり働き、休日は家族との時間や趣味を大切にする――。〝仕事と生活の調和や両立〟を目指すことを「ワークライフバランス」と呼ぶようになって久しいですが、僕は以前からこの言葉に違和感を持っています。

そもそも、なぜワーク＝仕事と、ライフ＝人生を切り分けてしまうのでしょうか？　まるで〝仕事とは、ただ稼ぐためのもの〟と諦めてしまっているかのような発想ですよね。

僕が声を大にして言いたいのは、今こそ、〝生きがい〟で食べていく「ライフワークバランスの時代」だということ。つまり仕事において、「ライフワーク＝自分が好きだったり、得意だったり、つい自然とやりたくなること」の比率を増やしていくことで、〝生きがい〟で食べていく状態をつくり上げていくことこそ、変化の時代において、生きる意味合いを見出していく働き方だと思うのです。

「生きがいで食べていく」とはどういうことか？

「ライフワークバランス」の背景にあるのは、〝生きがい〟を強化し、進化させていく考え方です。一時期ネットで話題になった、i・k・i・g・a・iという図をご存じですか？　この図によると、生きがいとは次の4つの交点によって生まれるものだということがわかります。

「That which you love（あなたが好きなもの）」
「That which the world needs（世の中（誰か）が必要としているもの）」
「That which you can be paid for（対価を得るに値するもの）」
「That which you are good at（あなたが得意なもの）」

好きなことだけで生きていくということは、一見するとこの「That which you love」に当てはまります。しかし、〝好きなこと〟は、やり続けることが苦にならないから〝得意なこと〟に進化しやすい。すると、「That which you are good at」にも当てはまりやすくなる。

図7 Ikigai

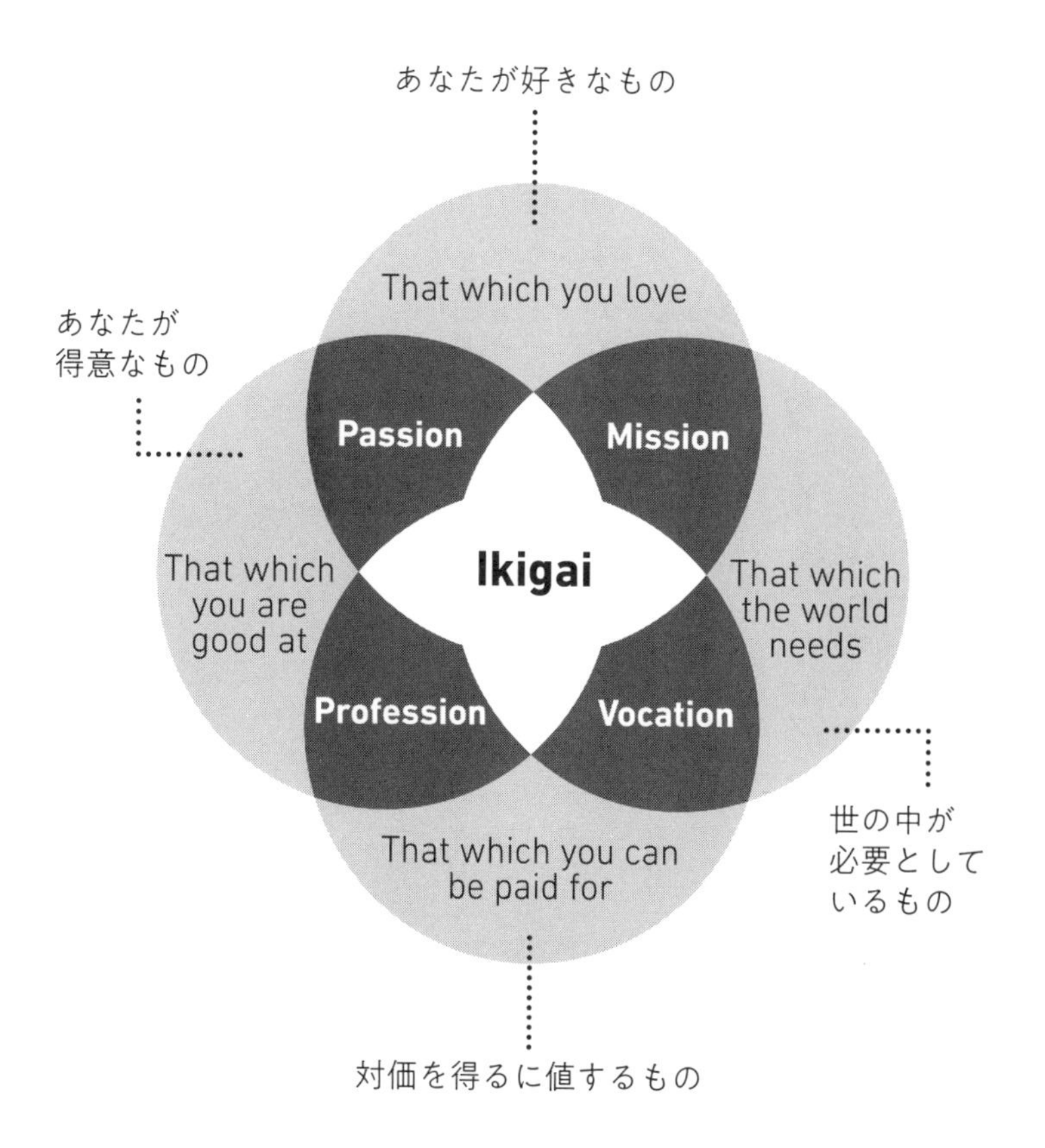

出典：Héctor García,Francesc Miralles,*Ikigai: The Japanese secret to a long and happylife*, Hutchinson

さらに、好きで得意なことは、他の人より時間をかけずに提供できるから、他の人から「え！こんな難しいことやってもらえるの？」とありがたがられ、喜んで対価を払ってもらえる。これが「That which you can be paid for」ですね。それはイコール、世界から求められるもの「That which the world needs」でもある。もちろん全世界から求められる必要はなく、コミュニティのサイズはなんでもいいのです。

たとえばあなたが住んでいる町にタイ料理店がなければ、できた途端に「ついにわが町でもタイ料理が食べられる！」と感謝されるでしょう。そうして感謝される機会が増えていくと、どんどん視野が広がって、「音楽フェスで出店しないか？」とお声がかかったり、レシピ本の出版につながったりするかもしれない。

このように、4つの交点が重なると、どんどん〝生きがい〟が膨らんでいく。これが本当の意味の「好きなことだけで生きていく」状態だと、僕は思うのです。では、どのようにしたら、仕事におけるライフワークの比率を増やしていけるのでしょうか？

ライフワークとライスワークを切り分けていく

生きがいを仕事にすることを「ライフワーク」と呼ぶのに対し、稼ぐための仕事のことを「ライスワーク」と言います。日々の食い扶持（お米代）を稼ぐためにする仕事だから、ライスワークです。

まずは、あなたの仕事の中で、ライフワークとライスワークの比率がどれくらいか振り返ってみませんか？　そして、ライスワークを、ただ食い扶持を稼ぐためだけのものでなく、〝ライフワークに没頭するお金と時間とリソースを生み出すもの〟という風に、頭の中で置き換えてみるといいと思うのです。

そして、ライスワークで最低限の生活をキープしながら、「ここからはライフワーク」と頭を切り替えて、時間やお金を投資していく。たとえば勤務時間はみっちり仕事をして、帰宅後はアクセサリーを手作りする時間に充て、週末はネット販売をしてみてもいい。やがてｉｋｉｇａｉの４つの交点が重なり、稼げるようになれば、徐々にライスワークに頼らなくても、ライフワークだけで生きていけるようになります。

新卒で会社に入ったばかりの状態は、ライスワークがほぼ１００％ですよね。そこから、仕事の中に特技を見つけて、その幅を、時間をかけて広げていく。やがて社外からもお声がかかるようになり、自分の価値の需要が上がったところで独立する人もいるでしょう。

社内に残っても、「あの仕事といえば、彼に頼もう」と自分のライフワークといえる仕事が舞い込んでくる状態かもしれません。すでに読者の方の中には、自ずとライフワークを探りあて、それを伸ばしていっている最中という方も多いのではないでしょうか。

ただ、新社会人の場合、ちょっと話が変わってきます。若手の〝得意なこと〟とは、まだ洗練される前の原石のようなもの。得意なことを探したり磨いたりする前に、まずは目の前の仕事に誰よりも熱意をもって時間を投下し、会社やお客さんが「これならお金を払ってもいい」と思えるものをつくり上げることに集中したほうがいいと思います。

〝好きなことだけで生きていく〟を下支えするライスワークの基盤をしっかり整え、周囲の信頼を得ることからはじめたほうが結果的には早い。そう、生きがいで食べていくためには、前提として〝信頼される人物であること〟が最も重要です。

僕はこれまで13回の転職を繰り返していますが、どんな会社に勤務しても、まずは誰もやりたがらないような仕事や地味な作業から手をつけます。**信頼は自由を生みます**。自由に動けるようになれば、より自分が得意な作業を任せてもらえるようになるのです。

このように、「今はライスワークの時間」「ここからはライフワーク」「あと2年は信頼を培う時期」「3年後には仕事の時間の6割をライフワークに！」という感じで今の仕事を捉えられると、たとえ単調な作業でも〝生きがい〟につながる道になるはずです。

「あなたのライフワークは何ですか？」「あなたの仕事の中で、その〝ライフワーク〟が占める割合はどれくらいですか」と聞かれて、胸を張って「すべてがライフワーク、生きがいです」と言える人はどれくらいいるでしょうか。そんな方が1人でも増えていけばいいなと思います。そしてそのライフワークが人から「ありがとう」って言ってもらえるようなもので、かつその「ありがとう」が有ることが難しいからお金を喜んで払っていただけるものだとしたら、それは〝生きがい〟としてあなたを支えてくれるものになっていくでしょう。

この〝生きがい〟に辿り着けた人は幸せだと思います。

この〝生きがい〟への旅路、今あなたは、どの地点にいるでしょうか？

POINT

「ライスワーク」と「ライフワーク」を切り分けて考える

何をギブしていけばいいか

第1章では、自分の視点をギブすることをお話ししました。これは信頼をつくったり、相手に関心を持ってもらうために有効です。

ただ、もう少し積極的に自分の何を価値としてギブしていくのかを考えたときに、何ができるでしょうか。それを見つけるためのヒントを紹介したいと思います。

「努力」の娯楽化ができているものを探す

「好きなこと探し」をするのに手っ取り早い方法。それは、時間を忘れるかどうかです。「没頭できているかどうか」と言い切ってしまうとハードルが上がるので、没頭の手前くらいの感覚だと思ってもらえるとちょうどいいと思います。時間を忘れるくらいやっているのですから、自分でもギブがしやすい物事になると思います。

たとえば一橋大学の楠木建教授は「努力の娯楽化」という言い方をしています。つまり、人は好きなことをやっているとき、苦痛を感じることも含めて、楽しいと思っているはずなのです。

没頭って、最中は幸福感がありません。それよりも、気づいたら「あっ、こんなに時間経ってた」と時計を振り返って、あとからじわっと「あ〜楽しかったな」と反芻したりするのが、没頭の幸福感だと思います。

そういう経験は誰にでもあるはずです。今の仕事の中でも、見つけられる人はいるでしょう。それは、大切なお客さんが喜んでくれる顔を思い浮かべながら役立つ資料をつくることかもしれないし、社内で誰かと誰かの揉めごとに割って入って、こんがらがった糸をほぐしていくことかもしれません。そういう、ついつい引き受けたくなること、時間を忘れてやってしまうことを探してみるのもいいと思います。

相手に求められるものをやると自由度が広がる

僕は、昔からアイデアを考えることが好きでした。それを自覚できたのは、特技の議事録のおかげだったと思います。まだガラケーもないころ、若いうちからパソコンを触っていたせいで人一倍タイピングが速く、学生時代からボランティアなどで会議があると、大人に混じって、議事録をとっていました。

とはいえ、初めのうちはかなりいい加減な書き方でした。それだと自ら進んでやっていても、役には立てないのです。なので、会議後に人に聞いて回ったり、さらに読みやすくするにはどうして欲しいか聞いたりしていました。当然、努力はするわけですが、これは僕にとって、まさに時間を忘れるくらい、楽しい努力でした。

そうやってクオリティが上がっていくと、一人ひとりの発言を進行ごとに書いたり、僕が勝手に要約したものを提供したりしても、誰にも文句を言われなくなりました。作業も、好きなようにまとめられるのでより効率的になるんです。つまり、相手に求められるものをきっちりやっていくと、自由度が増えるということです。
そこからやっと、自分の個性を色付けできます。さりげなく「ここが議論されてなかったですよね」とか「この議論をもっと膨らませてみては」みたいなことをメモしてみようとか、「議事録役ですけど、僭越ながら」と言ってちょっと意見をしてみるとか。そういうことも、「いつもいい議事録をとってくれているし、あいつが言うなら一理あるな」と思ってもらえます。つまり、周りが認めてくれると、自分の強みを生かしやすくなるのです。

僕は自分流の議事録が確立していくにつれ、どうして議事録をとるのが好きなのか、わかってきました。僕が好きだったのは、ただただ正確に誰かの言葉をまとめることではなくて、実は、誰かの言葉を、よりわかりやすい言葉でまとめることでした。
つまり、強固な「好き」とは、ちょっと辛くても、「なんだかんだ言っても、楽しいんだよな」と思える努力を繰り返していくうちに、いつの間にか言語化されるものでもある、と思うのです。

それでもピンと来ない場合は、ストレングスファインダーのテストを受けてみるのもいいでしょう（『さあ才能に目覚めよう』（トム・ラス著　古屋博子訳　日本経済新聞社）にテストを受けるIDがついています）。実は、ストレングスファインダーの強みの上位に来るものこそ、その人を没頭させる傾向がある、と統計でもいわれているのです。僕は毎年テストを受けていますが、何度やっても「着想」がずっと1位です。

POINT

努力が苦にならないもの、相手から求められるものを探そう

非常時こそ、自分の役割を効率的に探そう

どんな時代が来ても揺らがない人とは、世の中の需要をしっかり確認し、誰がどの需要を埋めているか、どの役割がまだ埋まっていないのかを見渡したうえで、自分の役割をきちんとまっとうできる人のことだと僕は思います。

インターネットは、これらの需要を可視化してくれます。まだ供給できていない場所や、自分にしかできない役割なども、ニュースやＳＮＳのタイムラインなどを駆使することで、より見えやすくなるのです。

たとえばワクチン開発について、僕に何ができるかを考えながら、世界中のニュースを調べるとします。そこで、ビル・ゲイツがワクチン開発について動き出したことを知ったとき、僕は彼がやってくれるなら、これ以上自分がワクチン開発について何か考える役割はないと考えました。あとは僕なりにやるべきことをやるために、まずは「ワクチン開発」という役割をあえて閉じることで、次の役割を効率的に探します。

役割を効率的に見つけるには、すでに需要を埋めてくれている誰かに役割を任せ、選択肢をあえて絞る作業も必要です。その上で、自分にできることで、需要を埋めていけるといいでしょう。

仮に、外出自粛の要請が出ているとき、あなたが社内で何かのチーム長だったとしたら、社会への貢献の仕方や自分の役割をどう考えるでしょうか？　たとえばミュージシャンのようにユーチューブで演奏して感染防止を呼び掛けることはできなくても、「自宅で豊かな時間を過ごすための施策は誰かがやってくれているのだから、自分は社内のことに特化しよう」と考えて、普段やりとりの少ない部署とも話をして、今できることを考え、新たな施策を会社に提案していくこともできるし、今後のための勉強をしておく、という選択肢もあるでしょう。

つまり、組織のなかにいてもいなくても、普段の生活範囲だけではなく、より広い視点から自分ができることを整理できるようになると、かえって自分の役割に集中しやすくなると思います。

フューチャリストよりも「ナウイスト」

自分なりの貢献を、自分なりの規模でしていくにはどうすればいいでしょうか。そのいいお手本になるのが、Yahoo!アカデミア学長の伊藤羊一さんです。伊藤さんは、コロナ感染防止のための学校閉鎖を受けて、立教大学の中原淳教授らとともにたった5日間で人を集め「ニッポンのオンライン授業カンファレンス2020」と題し、オンライン教育や授業のノウハウを、全国の学校や企業の教育関係者へ無料で開放しています。

彼のように、社会の需要に対して瞬時にイノベーションを起こせる人を「ナウイスト」と言います。これはMITメディアラボの元所長である伊藤穰一さんが、TEDで「これからイノベーションを起こすのなら、未来をあれこれ思い描くフューチャリストではなく、〝今ここ〟で創造するナウイストになろう」と話したのを機に広まった言葉です。僕は伊藤羊一さんのように、学校が閉鎖して教育が止まってしまう〝今ここ〟の瞬間に、いち早く教育現場の人たちにオンラインカンファレンスを開いた行動こそ、ナウイストらしい行動だと考えています。

伊藤羊一さんのもとに瞬時に人が集まるのは、ご自身が「これでえらくなろう」とか「尊敬されよう」などとは1ミリも思っていないからだと思います。彼は平時から、教育や学習について常に考え続けている人です。さらに、教育分野に対し深い愛情を持っていることを誰もが知っているから、いざというときに人を集め物事を動かしていくことができるのです。

つまり、動機の中心に「自分がやりたいこと・役立てることの軸」と「他者への愛や貢献の気持ち」が明確にあるから、波紋が広がり彼に共鳴する人が集まってくるのでしょう。

もちろん、規模の大小は問題ではありません。「軸」と「愛」が中心にあれば、自分が住んでいる地域、オンラインサロンやSNSのつながりなど、自分にできる範囲のなかで行動できればいいと思います。

POINT

今自分が貢献できる物事を探そう

潜在スキルを見つける「ＢＢＱ理論」

僕はこれまでに何度か、「好きを見つけるには、人から『ありがとう』と言われることを見つけよう」と書いています。そしてそれは、まさに「ギブ」の対象になる事柄です。

今回は応用編として、「ＢＢＱ理論」を紹介したいと思います。

人から感謝されることって何だろう？と思い浮かべるとき、まず身近な人の顔が出てくると思います。会社員の方なら、上司や部下、家に帰れば家族だったりするでしょう。

ただ、「好き」を見つけるには、感謝してくれる相手が〝多様〟であるほうがいいこともあります。というのも、人から感謝されることって、自分にとっては当たり前にできてしまうことが多いのです。だから、身近な人から感謝されることほど、かえって自分では価値を見出せなかったりするのです。

僕は、ＢＢＱって実はものすごく効率のいいプロジェクトマネジメントだと思っています。「みんなで集まって肉焼いてビールを飲もう」という会であり、その大事なゴールは「モテたい」です。そうなると、会社でただ上司の指示を待つというような態度では、やっぱりモテないです。だからみんな、火起こしをやったり、笑いで盛り上げたり、肉を焼いたりと、自分を活かせる場面を探そうとするのです。

これは災害復興のボランティアなどでも同じです。力持ちなら瓦礫除去、料理上手ならまかない作りなど、飛び込んだ場面で、「自分の持つどんなスキルが活かせるか」考えざるを得ない機会をチャンスと捉えると、得意と好きの幅が広がりやすくなります。仮に何もできなかったとしても、そういう自分が露わになることで、今の生活に何が足りないのかが見えやすくなります。

日常でアドリブを生かしてみる

つまり、会社での仕事のような、ある程度予定調和で済ませられる作業ではなく、アドリブを生かさざるを得ない機会に触れてみることを試してもいいのではないでしょうか。

もちろん、仕事が忙しくてボランティアなどに行く時間がないという人が圧倒的に多いと思います。

それなら、電車の中で具合が悪そうな人がいたとき、人混みの中を窮屈そうに歩いているおばあちゃんを見たとき、道で迷っている外国人観光客を見たとき、今の自分ならどれくらい力になれるか、まずは声をかけるところからはじめて、できることをやってみるという手もあります。潜在的なスキルほど「いざというとき」に突然引き出されることも多いです。

そこで見つけた得意なことが、仮に好きなこととは程遠かったとしても、まずは得意にフォーカスすることで、自分自身の価値が高まります。

すでに転職を考えているような時期であれば、会社のフィールド外で、自分の価値を見出すやり方もあります。

ここでいう「フィールド外」は、学生時代なら当たり前にあった機会でもあると思うのです。サークルやアルバイト、ゼミもそうだし、フェイスブックとかインスタグラムで「いいね！」をもらうことだって、学生でいるときの尺度以外の角度から評価されている、ということでもあります。

つまり学生時代のように、会社と家の行き来以外のフィールドを持ち、評価される自分を見つけておくといいのです。会社員として数年働くようになるだけで、あなたには新たな得意なことや好きが備わっているはずです。自分のスキルが何かしらレベルアップしたところから、もう1度得意なことを見つけて強化したり、それと自分の「好き」とを重ねて、磨き上げたりしていくのもいいのではないでしょうか。

POINT

「フィールド外」に行って、自分のできることを見つけてみる

「好き」を見つける起業家メソッド

講演会などで、これからの働き方などについてお話しさせていただく機会が増えているのですが、主に学生や若い社会人の方から、似たような質問を受けることがあります。それが「好きなこと、やりがいを見つけたいのですが、そもそも何が好きかわかりません」というものです。

これに関しては、最近はやりがい偏重というか、必要以上に「好きなことを見つけなくてはならない」と思い込んでいる方が多いように感じています。僕としては、別に好きなことだけではなく、自然と自分にできること、やりがいを感じるようなことを意識して伸ばしていく、というように拙著などでもご提案させていただいているのですが、今回は改めてその具体的な方法をお話ししようと思います。

参考として、今、経営学で注目されている「エフェクチュエーション」について説明します。

エフェクチュエーションとは繰り返し手段を変え、ゴールを上書きしていく循環をつくっていくための柔軟な思考プロセスの理論のこと。もともとは、優秀な起業家に共通した考え方を抽出し、メソッド化したものなのですが、自分の能力を見つけて伸ばしていくのにも非常に有効なので、皆さんの参考になるのではないかと思います。

念のため、注目されている背景を簡単に説明すると、過去のマーケティングは「ゴールを定めて手段を設定する」というものだったのが、変化する時代においては、「1度定めたゴールを何度も上書きする」必要が出てきたからです。

ではどう実践するのか？　そのためには、5つの原則がありますが、ここではそのうちの4つを紹介します。

①「手の中の鳥（Bird in hand）の原則」

1つ目は、「手の中の鳥（Bird in hand）の原則」。童話「青い鳥」は、幸せになれるという鳥を探して冒険に出るのだけど、帰って来たら家の中にいた、というお話です。つまりすでに手の中にある幸せ、自分にとっては当たり前の能力や、できることからはじめてみよう、という原則です。

たとえば以前ゆうこすさんと対談したとき、彼女が芸能事務所を立ち上げ、オーディションをしてみたら、その応募者の多くが「バラエティで活躍できるマルチタレントになりたい」と言うので、非常にもったいないとお話しされていました。

ここでいうマルチタレント＝青い鳥に当たります。誰もがそれを目指しますが、本当に自分を活かせる道とは違っていたりします。なので、既定路線を目的に据える前に、まず手の中にある魅力に自分で気づき、言語化して「自分を端的に言い表すキャッチコピーを作るべき」だそうです。これには僕も賛成で、まずは手の中の鳥をどうやって羽ばたかせるか、思案したほうがいいと思います。

②「許容可能な損失（Affordable Loss）の原則」

これが進んできたら、転んでも大丈夫なレベルでたくさん失敗してみることです。それを「許容可能な損失（Affordable Loss）の原則」といいます。小さな失敗の中から偶然のアイデアが見えてくるかもしれないし、自分の強みが生まれるかもしれません。そのためにも、安全な道からちょっとはみ出してみることが大事なのです。

③「レモネードの原則」

また、「レモネードの原則」は、ある農園で、不作で酸っぱくて形が悪くて売り物にならないと頭を抱えていたときに、実は酸っぱいレモンのほうがレモネードとして売れる、という逆転の発想から生まれた法則です。失敗作でも発想の転換をして考える姿勢で、どんな機会もチャンスにつなげる精神で進みます。

④「クレイジーキルトの原則」

次が「クレイジーキルトの原則」。自分ができることからアイデアをスタートさせると、だんだんと人脈ができていきます。そういった偶然の出会いから、自分の能力に気づかされることもあります。つまり、手の中の鳥をどんどん外界に晒(さら)して、偶然性や予期せぬ結果から、さらに新しい目的に進んでいくのです。

なかには、競合相手になりそうな人もいるかもしれません。しかしエフェクチュエーションらしい考え方としては、たとえ競合相手でも「自分のアイデアとどう絡めることができるか」「こんな風にコラボしたら面白いかも」と考えます。つまり、どんな人脈も柔軟に捉え、生かすように紡いでいけばカラフルなパッチワークになる、自分の売りを大きな絵のように捉えられるようになる、ということです。

この4つを小さなループでどんどん回していくうちに、自分だけの強みや意味合いに気づけていけると思います。

さらに大事なことは、ゴールを上書きすると、同時に自分の意味合いも更新される、ということです。初めから世の中の需要や、今流行っているビジネスなどを意識しすぎると、かえって自分の能力に何も気づけないままになってしまうので、まずは自分の手の中をよく見つめることからはじめてみてはいかがでしょうか。

POINT

4つの原則を回して考えよう

家の中でもできる「好き」を見つける旅

まずはフィルターを外すことから

きっと誰でも、子どもの頃のように時間や心のゆとりがあった時期は、好きなことがたくさんあったはずです。大人になった今、好きなことがなかなか見つからないのは、単に就活のために自分を最適化したり、時間に余裕がなくなったりすることによって、視野が狭くなってしまっただけのことです。

その状態で「好きなことで稼ごう！」とすると、今度は手軽に稼げることや、他人にアピールできることに最適化した「好き」を探してしまいます。つまり「稼ぐ」というフィルターをかけた時点で、多くの「好き」を見逃すのです。

そういった枷を外していくために、まずは普段から「何となく心惹かれるものにアンテナを張っておく」くらいで、気楽に構えてみてはいかがでしょうか。たとえば僕は、電車の中吊りや窓枠の広告を見て、クスッとくるようなキャッチコピーを見つけると、つい嬉しくなります。

ここで重要なのは、何も「じゃあ電車の中で嬉しくなることを探そう！」などと気負わないで欲しいということです。そうではなくて、ふとしたときに「あ、今嬉しくなったな、俺」という瞬間をちゃんと心に留め、日々の優先順位の中で埋もれさせずに、大切にして欲しいのです。「気づくとショートカットの子に目がいくなあ、俺」とか、「袖をまくってる男、見ちゃうなあ私」とか、そんなことでもいいと思います。

「好き」は他人から認められなくてもいい

これは若い人とお話ししていて感じることですが、これまで自分の「好き」を意識せずに生きてきた方ほど、いざ自分の好きを見つけようとしたとき、「周りに羨ましがられる」とか「認められる」ためのメガネをかけたまま、「好き」を探そうとしてしまう傾向があるのです。

自分の「好き」を見つけていくときは、「他者の承認」を一旦脇においておく必要があります。なぜならSNS全盛の今は、誰もが共感することや承認されることに、無意識に価値観が寄っています。言い換えれば、今は自分が本当に好きなものを見つけるのが難しくなっているときでもあるのです。

しかし若い世代は、何か楽しい趣味を見つけても、それをすぐにソーシャルメディアでアピールできてしまうから、〝この趣味をやってるオレってかっこいい〞と満足してしまうのです。僕はそこに落とし穴があると思っています。

今は昔と違って、人が好きなものを突き詰めていくにも、無菌室にいなければならないような状況にあると思うのです。たとえばインスタグラムのアカウントでは、自分のお気に入りの写真や背景画像なんかで自分をアピールできてしまうので、認められたい気持ちがより強くなっていきます。

僕は以前、この自己アピール要素を一切排除して、自分が「好き」な物事だけをひたすら語り合うソーシャルメディアを目指そうと、クリエイティブ・コモンズ・ライセンスの理事を務めているチェン・ドミニクさんが製作する「シンクル」というコミュニティアプリのプロデュースをしました。

名前も四文字以内しか設定できないから匿名になるし、アイコンにはすでに用意されているものしか使えず、オリジナリティは出せません。特定の人とだけ語り合うようなメッセージ機能もなし。つまり、自分が「好き」なもののことでしか他人と語り合えない、「人」ではなく「コト」にしか向かえない設計にしたのです。

コミュニティの中では、たとえば「タピオカのつぶつぶが好き」とか、「冬の朝のにおいが好きすぎる」とか、「好き」にまつわるトピックがたくさんあり、自分も好きだなと思ったらハートマークを押していきます。そのトピックの中でしか語れないので、おのずと「好き」をみんなで掘り下げていく形になり、自分が夢中になれること、好きなものへの再発見につながっていくのです。

多くの人は、それほど意識的に無菌室の状態をつくらなければ、自分が何を好きかを見失ってしまうほどの、もしくは夢中になれる暇もないほどの、膨大な情報量と承認欲求への誘惑の中で生活をしているわけです。このことをまず認識することが重要です。

SNSとの距離感を調整してみる

たとえば、僕の友人のライターさんは、このまま商業ライターを続けていくのかを考えたとき、改めて自分の「好き」を見つけるために、SNS類を一切やめたそうです。以来日記をつけるようになり、毎日の自己対話の中で、これまで他者に承認されるために文章ばかり書いてきたこと、その中で取りこぼしてきた自分だけのトキメキや、心動かされることがたくさんあったことに気づいたと言います。

それを数年続けたことで、幼い頃、物語を書くのが好きだった気持ちが蘇り、今は仕事のかたわら、小説を書いているそうです。また、創作の時間を持つようになったことで、これまでの仕事が一層楽しくなったそうです。

少し極端な例かもしれませんが、僕は人が本当に「好き」を見つけるためには、いっときでも孤独になる時間があっていいと思うのです。そういう時間が、自分の「好き」を鍛え上げてくれます。そのことをまず念頭においてみてもいいと思います。

POINT

「無菌室」で「好き」を探す

「好き」を「ギブ」につなげるために

「好き」が高じてくると、〝相手には見えない視点〟でものを見られるようになります。たとえば猫が好きな人は、近所で飼われている猫の品種をすべて知っていたりしますが、特に好きでもない人には、どの猫も同じように見えているものです。つまり好きであるがゆえに対象をよく見ているので、その分人より細かく見分けられるのです。

第1章「いい質問」の項目でも、相手には見えない視点をギブする大切さをお話ししました。「好き」な対象を持つこと、他の人よりも対象を細かく見られる目を持つことも、〝相手には見えない視点〟です。たとえば20代のファッション大好きな女性で、毎日コーディネートをインスタにアップしたり、他の人のインスタをチェックしている人なら、〝20代の等身大のファッション〟が誰よりも詳しく見えています。すると、たとえば20代向けのファッションサイトを運営している人に、「今の20代はこんな服をこんなシーンで着こなすから、インスタと掛け合わせてこんなサービスができますよね」という具合に、〝見えない視点〟を必要としている人へギブしてあげることができたりします。

「好き」の3つのE

「好き」は、3つの〝E〟に分けて捉えることができます。これは僕のアシスタントの女性が大学の卒論で書いたことです。

1つ目は**Extract（抽出する）**。たとえば柔らかな着心地のセーターが好きな人には、一見同じメリノウール素材でも、フランス産かオーストラリア産か、はたまたスペイン産か、それぞれの違いがわかるので、「より柔らかさを求めるなら断然オーストラリアウール！」といったように、「好き」の要素がどこからくるのかを抽出できます。すると、すべて同じウールセーターにしか見えない人にはない、より細かな視点をギブしてあげられるのです。

2つ目は**Expand（拡大する）**。たとえばセーターブランドの広報の人が、自社のインスタグラムの見せ方について「より素材の柔らかさを見せたい」と言ったときに、「なら萌え袖っぽく撮影しましょう。ウールが気持ちいいと、つい袖をいじりたくなるんですよ」といった具合に、相手の視点に、「好き」だからこそ見える自分独自の視点を掛け合わせてアイデアを拡大させることです。

3つ目は**Express（表現する）**。「好き」が他の人を引きつけるほどのレベルになってきたら、「好き」そのものがギブになります。たとえば代表的なのが評論です。有名なワイン評論家のロバート・パーカーのように、ワイン好きが高じて評論をはじめ、ワイン好きにとってもわかりやすくスコア化する「パーカーポイント」を設けたことで、結果として多くのワイン好きが、彼のポイントがついたワインを楽しむようになりました。

ただ、Ｅｘｐｒｅｓｓできる段階になるまでには時間もコストもかかります。もし「好き」がある人なら、まずはＥｘｔｒａｃｔできる段階を目指せば、相手にとって有益なギブを十分できるはずです。

POINT

まずは、自分がそれの「何が好きか」を言葉にしてみよう

8 ギブしたいのにギブできない人へ

職場と家の往復のような同質性の中で生きていると、自分を表現できずに鬱屈としたり、失敗を恐れるあまりチャレンジすることさえできなくなってしまうことも多いと思います。

以前、ある人から「うちの職場は1度でも遅刻をすると、いつまでも〝いい加減なやつ〟というレッテルを貼られるんですよ」なんて話を聞いたこともありますが、そんな窮屈な環境では、以前から僕が提案しているような「アイデアを広げるためのギブ」などは、とてもハードルが高く聞こえてしまうのかもしれません。

なぜ、自分を表現することが怖いのか

自分を表現するということにおいては、まず、「言いたいことが言えない」や「恥をかいたら最後」という得体のしれない恐怖がつきまとうことを認識することが大事です。

しかし、そうした恐怖は幻でしかありません。ではなぜこんな恐怖を自分は持っているのか？　理由の1つとして、コミュニティの性質があげられると思います。

たとえば、最も小さいコミュニティが家族や親戚だとします。すると、家族や親戚の輪の内側が味方で、外側にいる知らない人たちは敵、という認識が生まれるでしょう。人間は無意識に、内側と外側を敵味方で分ける性質を持っていて、コミュニティの輪から弾かれる恐怖と、外側から攻撃される恐怖を同時に抱えているのだと思います。

これが、「批判されるのが怖い」という得体のしれない恐怖の正体の1つであり、だからこそ、今いる環境で自分を変えていくのはリスクが高いと考えてしまうのでしょう。

であれば、まずは遠くにある場所で自分を表現して、自分を変えていく体験を重ねていけ

ば、恐怖を打破していけるはずです。そこで必要になるのが、成功体験をつくることです。と同時に、失敗してみることです。この両方を1度きちんと味わっていけると、次第に1歩を踏み出すことが怖くなくなってきます。

そうして自分を表現する成功／失敗体験をつくるちょうどいい「中間機能」として役立つのが、インターネットによる別世界冒険です。

たとえば「好きなこと」を中心に据えたコミュニティづくりは、いつの時代も必要とされてきました。一昔前なら雑誌がこの役割を担っていました。僕みたいに学校に馴染めなかった人間は「ガロ」を読んだり、「アンアン」を読む女の子グループが苦手な人たちは「オリーブ」を読んだり、読者投稿にハガキを送ってみたりして、自分の好きなものや世界観を表現したり構築したりしていたと思います。

この機能をよりインタラクティブにしたのがインターネットです。

たとえばアイドルのファンクラブは昔からありますが、今はツイッターのハッシュタグごとにファンクラスタとしてつながれるようになりました。匿名アカウントを作れば、学校や職場のリアルな知り合いに気づかれることなく、好きなものを思いっきり表現したり、それを受け取ってくれる相手がいたりして、表現することの成功も失敗も、現実生活にすぐに支障が起きない場で経験することができます。

〝みんな同じ〟を再定義する

あえて「みんなと違うことをするのがかっこいい」という価値基準を持つ〝鎖国的な〟コミュニティをつくってしまう手もあります。たとえばYOUTUBE講演家の鴨頭嘉人さんは、「日本人はよくもわるくも〝みんな同じ〟に合わせなくちゃと思う〝同調圧力の高い〟国民なので、〝みんな同じ〟の中身を再定義してしまえばいい」と言います。そこで、人目を気にしてチャレンジできない人の背中を押す仕組みとして、オンラインサロンという閉鎖された空間で、「ここではチャレンジする人がかっこいい!」と、〝みんな同じ〟を再定義し、チャレンジすることこそが当たり前という空気感をつくっているそうです。

「Just my 2 cents」の気軽さで

「自分がギブできることを書こう」というと、ついプレッシャーに感じて何も書けなくなる人もいるかもしれません。しかし、ギブについて堅苦しく考える必要はありません。たとえばアメリカでは、こういうときは「Just my 2 cents」などと前置きしたりします。つまり、「まあ、たった2セントくらいの価値くらいのことなんだけどね。僕なら、これくらいのことができるかな」という、気軽なギブでいいのです。

POINT
「気軽な気持ち」で問題ない

まとめ

- 「好きな仕事」にこだわらなくていい
- 努力が娯楽化できているもの、相手に求められるもの、会社以外のフィールドで評価されるものを見つける
- 好きなことは、人から理解されなくていい

変化の中で自分らしい生き方を設計する

変化の時代に生き残るための9つの原則

これからは課題やルールを新しく定義したり、新しい課題解決の仕方を定義したりする人が生き残りやすい時代になるといえます。伊藤穰一さんは著書『9プリンシプルズ』(早川書房)や自身のインタビューで、たびたび、変化の時代で向かうべき9つの原則を紹介しています(本書では2012年のインタビューで語られていた原則に基づいて解説しています)。

① 強さではなくしなやかさを持つこと。つまり、失敗に抵抗しようとするのではなく、失敗を認め、受け入れた上で、そこから跳ね上がっていくこと

② 「押す」のではなく「引く」こと。資源を中央に集めてコントロールするのではなく、必要に応じてネットワークから引き出すこと

③ 安全に焦点を当てるのではなく、リスクをとること

④モノではなく、システムに焦点を合わせること
⑤地図ではなく、よいコンパスを持つこと
⑥理論ではなく、実践に基づくこと。なぜそれが機能するのかわからないときもあるが、大事なのは、理論を知っていることではなく、それが機能するということだ
⑦服従ではなく、反抗すること。人に言われたことをしても、ノーベル賞は取れない。多くの学校は服従について教えるが、われわれは反抗を賞賛するべきだ
⑧専門家ではなく、クラウド（人々）に向かうこと
⑨教育ではなく、学習に焦点を当てること

本書では、僕がこれからの時代において特に大事だと思う5と9について、僕なりの解釈をお話しさせてください。

「変化の時代のコンパス」とは？

そもそも地図とは、決まった目的地に迷いなく効率的にたどり着くためのツールです。し

かし変化の時代では、どの道を通れば確実にゴールにたどり着けるかもわからなければ、そもそも目的地すら変化する可能性があるので、決まった道のりすらなくなってしまうのです。

なので、ここでいう「コンパス」も、単にゴールにたどり着くための道具ではなく、**〝今の世の中ではどちらに向かうとより自分らしい道を歩けるのか〟**という大きな方向性を知るためのコンパスだと思うのです。

たとえば漫画「ONE PIECE」でイメージしてもらうとわかりやすいでしょう。ルフィたちが航海する「グランドライン」という航路は、通常の海とは違って、海流、気候の乱れの影響から、通常のコンパスが使えません。そこで、ログポース（記録指針）で島の磁気を記録することで、次の島へ進める、という設定になっています。

さらに、より冒険の難易度が上がる航路「新世界」では、海流や気候のみならず磁気さえも変動する島が存在するため、ログポースも1つでは足りず、3つを用いて3本の航路を導き出し、どの航路で進むかを自身で決める設定が追加されています。

5で示されている〝コンパス〟とは、このログポースに近いものだと思います。我々の現実世界も「ONE PIECE」でいう「グランドライン」や「新世界」のようなもので、もともと決まった地図も航路もなければ、進んだ先ではこれまでのログポースすら使えなくなるかもしれません。さらに、進むべき道が突然増えたり減ったり、方向が変わってしまったりと、まったく予測不可能な世界です。

つまり、これからは変化が起きるたびに新しい航路を自分で導き出さなくてはならないのです。

たとえばコロナショックに関しても、そのつど、課題が変化していきました。ウイルスが発生した初期のころは、マスクは感染者がウイルスを他者にうつさないために使われるものだったので、あくまで感染者のみがマスクをすることが推奨されていました。しかし、感染が拡大して無自覚の感染者が多くなり、知らないうちに感染したりさせたりするリスクが増えると、今度は「全員がマスクをして、感染拡大を封じ込めよう」という新たな課題が設定されます。

やがて治療薬が完成したら、今度は医療崩壊させないためにも各自で免疫を上げていくための課題が生まれるかもしれません。このように、これからは向かうべき方向性を示すコンパスが常に変わるつもりでいたほうがいいのだと思います。

そこで僕たちにとって大事なのは、今置かれている状況や段階をしっかりと認識したうえで、お互いのコンパスを持ち寄り、〝誰のコンパスが僕たちにとって1番大事なコンパスか〟をしっかり確認し合い、最も適切なコンパスを持つ人のもとで意見を募って議論していくことだと思います。

議論をするときも、ひたすら「俺のコンパスはこっち！」と主張するだけではなく、「なぜこの方向だと思うか」という前提条件をきちんと添えて発信しましょう。また、コンパスを持つ者同士が意見交換しあい、もし自分のコンパスより相手のコンパスのほうが正しいと思えたときや深く共感できたときは、素直に認める柔軟性が必要です。その上で、リーダーをサポートする役割に回ればいいと思います。

たとえばアップル創業当時の社員だったスティーブ・ウォズニアックは、「スティーブ・ジョブズは水平線の先に何があるかは見えているが、そこまで向かうための最初の1歩がわからなかった」という主旨のことを語っています。

つまり、たとえ素晴らしいコンパスを持っているジョブズでも、たった1人で目的地へ向かうことはできなかったのです。ウォズニアックはそんなジョブズの最初の1歩を具体的に提案できる人材であり、彼らのような組み合わせや、彼らを支えるチームの存在があったからこそ、ジョブズはパーソナルコンピュータにおける革命を起こせた、とも言えるのです。

大事なことを以下に3つまとめます。

1．コンパスが示す方向さえ変化し、進む段階によってさらに変化することを認識すること
2．コンパスを持つ者同士で柔軟に議論しあい、それぞれのコンパスの精度を高めあっていくこと
3．コンパスを持つリーダーが決まったら、チームで補いあって進み、試行錯誤していくこと

1度コンパスを決めたらそのまま固定するのではなく、1〜3を常に繰り返しながら、その都度適切なコンパスを選び直し、段階に合わせて方向性を微調整し、また議論を重ね、全員で形にしていくことを忘れずに行なっていきましょう。

変化の時代に必要な「学習」とは

コンパスをより研ぎ澄ませていくには、常に学習し続ける必要があります。そこで、次は「⑨ 教育より学習に焦点を当てること」について僕なりの解釈をお話しします。

これまでの教育は、ゴールが決まっている社会のルールに、いかに順応できるかに焦点が当たっていました。しかし、テストでいち早く問題を解いて正解を導くような従来の教育のあり方は、ゴールが決まっている社会では有効ですが、ゴールが変化し続ける社会では無効になってしまうのです。

これからの社会で求められているのは、自ら課題を探し出し、設定し、解決するための方法を自らつくっていく「学習」だと思います。誰かに正解を教わるのではなく、自分で学んでいく姿勢が必要なのではないでしょうか。

ジョブズのように、イノベーションを起こす天才の多くは、〝学び方を学ぶ天才〟でもあります。僕の周りだと、キングコングの西野亮廣さんや幻冬舎の箕輪厚介さん、SHOWROOMの前田裕二さんのように先駆的な人たちは、自ら設定した課題に対して、どう学んでいくかを自分で考えて設計し、学ぶことをひたすら繰り返しています。彼らにとっては、失敗することすら学びの一部になるのです。

これまでは失敗が許されない社会でしたが、これからはむしろ、失敗からも学びを深める必要があります。「俺は常にこのやり方で大丈夫」と過去のやり方に安心するのではなく、失敗からも貪欲に学びあい、仲間で支えあうことのほうが重要な時代になってくるでしょう。

「アンラーニング」で世界の捉え方を変化させる

予測不可能な時代では、今まで学んできたことさえ一夜で使えなくなってしまう事態も起きてくるでしょう。すると、過去の成功方程式を意識的に捨てる、つまり「アンラーニング」することで、変化に対応していく必要が出てきます。

歴史上、最もアンラーニングを繰り返してきた領域といえば、数学や物理、科学などの分野だと言えます。たとえば17世紀、ニュートンが発見した「ニュートン力学」は当時の世界では絶対的真理でした。しかし、20世紀になってアインシュタインが「相対性理論」を発見したことで、人工衛星など物体が超高速で移動するときには「ニュートン力学」がおかしくなり、「相対性理論」でしか予測できない世界があることがわかりました。

つまり、ニュートンには見えなかった世界が、アインシュタインには見えていたということです。そしてアインシュタインに見えなかった世界を、今もなお数多くの研究者たちが冒険し続けています。彼らは、自分が知らない世界を発見するのが大好きだからこそ、アンラーニングすることでその先を見ようとしているのです。

一方、アンラーニングの訓練をしていない人は、世界の捉え方を進化させることができません。自分の学びの限界を常に把握するためには、過去の成功方程式が通用しない世界を知り、常に学び続けるために、古い学びを捨てていく勇気を持つことが大事だと思います。

コツは、アンラーニングそのものを楽しむことです。一番おすすめなのは、先述したような数学や物理、科学の歴史を勉強してみること。科学が前時代の常識をアップデートしていった道のりを追体験すると、新しい常識によって前時代の常識が覆っていく面白みをつかめるでしょう。そのつもりで、たとえば「マトリックス」などのSF系エンタメを楽しんでみるのも面白いです。いかに自分の常識というものが、新しい常識によって簡単に覆ってしまうのかを理解しやすくなります。すると、科学の研究者たちのように、新しい常識を冒険することで自分の常識が打ち砕かれることが、恐れではなく楽しみである人の感覚を理解できるようになります。

では、アンラーニングを具体的に日常に落とし込むにはどうしたらいいでしょう？　たとえばあなたは、自分が尊敬する人や上司と同じくらい、部下の意見にも耳を傾けているでしょうか。自分より若い世代の視点は、あなたの古くなった成功方程式を打ち砕いてくれるかもしれません。僕の場合、常に転職を繰り返すことで、進んで自分の方程式が通用しない世界へと飛び込むこともアンラーニングに役立っています。たとえば僕の友人は、日頃からビジネスＳＮＳのウォンテッドリーなどに登録し、あえて異業種を選び、オンライン面談を受けるなどして、自分の常識が通用しない世界との関わりを意識的に持つようにしているそうです。その中で転職したり、新規の仕事を獲得したりと、自分の方程式が通用しない世界へと飛び込むことで、より強いアンラーニングにつなげているといいます。変化を恐れるのではなく、むしろ楽しむ姿勢を持つことで、未知の冒険に変えていけるといいでしょう。

POINT

変化に柔軟に、自分の道を見つけるためのコンパスを持とう

いつでもどこでも自分の価値は増やせる

アイデアとは不思議なもので、いざ企画書を作るぞとにデスクに向かってもまったく湧いてこないのに、シャワーを浴びているときや散歩をしているときに限って「ぽん！」と浮かんできたりする。おまけに着想の素は、普段の会社員生活ではなく、休日に子どもを連れてキャンプをした思い出や、出張先で行ったスナックのママとの会話がヒントになっていたりする。

つまり、仕事に生かしたいアイデアほど、ビジネスのオンタイムではなく、なぜだかオフタイム、つまり非日常の中から作り出されている。それなら、いっそビジネスのオンタイムのすべてを非日常で過ごせば、無敵アイデアマンの誕生では!?……と閃いた僕は、以来、世界中からクリエイターが集まるリゾート・バリ島に、家族を連れて移動。さらにクリエイティブな刺激と出会いを求め、各国を旅しながら仕事をする日々を送るようになりました。

そんなクリエイティビティ至上主義な生き方・働き方のことを「ジョバティカル」といいます。とはいえ、会社などの環境に縛られず、非日常に身を置きながら仕事ができる人の多くは、プログラマーなどのエンジニアが中心。「営業職の自分には無関係な話でしょ……」なんて声をよく聞きます。

では、なぜプログラマーは、ジョバティカルな働き方ができるのでしょうか。

そもそも会社で働くメリットには、職業訓練を受けられたり、上司に仕事のコツを教わったりできるということがあります。そのため、PC1台でいつでもどこでも仕事ができるとはいえ、いつも1人で仕事をしていては、上司が部下に仕事のコツやスキルを教えるような「成長マネジメント」ができないのではないか、と思いますよね。しかし、それは必ずしも会社にいないとできないことなのでしょうか？

オンラインでも、ともに成長できる

プログラマーがソフトウエア開発時に使える共有オンラインサービスに、「GitHub（ギットハブ)」というものがあります。ここでは、公開されているソースコードを閲覧したり、バグ管理をしたりすることが可能です。

たとえば、あるプログラマーがプロジェクトのために作ったコードを、クライアントのプライバシーに触れない範囲で公開する。すると、他のプログラマーが仕事で利用して、さらにアップデートしたものを公開してくれたりする。つまり、プログラマー同士がスキルアップしあうための場にもなっているのです。SNS機能もあるので、そこにはたくさんのコミュニティが存在し、プログラマー同士がオンライン上で勉強会を行なったり、一緒にプログラムを作ったりと盛んに交流しています。

プログラマーなどのエンジニア職がいち早くジョバティィカルな働き方ができたのは、PCさえあれば環境に縛られずに仕事ができるからだけではなく、スキルアップや人脈作りという業務外のことも含め、オンライン上でできるようになったからです。

実際に、先日AIの講演をしにベトナム・ハノイへ行った際にこんなことがありました。現地学生がAIの最新理論をキャッチアップしていることに驚いて「ハノイの大学はそんなに進んでるのかい?」と聞くと、「オンライン大学で最新講義を聞いて基礎を学び、ギットハブで最新のコードのフィードを読んだり、プログラムの一部を修正することで少しずつ貢献していけばいいんですよ。普通でしょ」と返ってきたのです。自分の中で勝手に「ベトナムはまだ遅れている土地」という先入観を持って見ていたことにはっとしました。そう、働くと同様に学ぶという行為もどこからでもできる時代なのです。

いつでもどこでも「成長」できる

もしあなたが営業職で、プログラマーのようには自由に仕事ができないとしても、ギットハブで行なわれているような、スキルアップのための勉強や成長の機会は、オンライン上でいくらでも生み出すことができると思いませんか？

エンジニアが技術を公開し、それが他者によってアップデートされていく中で学びを得ることができるように、自分が持っている技術や経験を惜しみなくシェアすれば、誰かからフィードバックがもらえる。それによって技術を鍛え、自分の成長につなげていくこともできるのです。さらに、その分野に貢献している人には自然と認知や信頼が集まり、新たなプロジェクトや仕事にもつながっていきます。

たとえば、顧客を魅了するパワポを作る技術、目をひく企画書を作るテクニックをブログで公開するのもいいし、プロジェクト・マネジメントをどうやって進めていくかについての話し合いの場を、ビデオ通話を通じて設けることもできる。プロジェクトメンバーをコーチングして、成長させていくことだって、チャットツールやビデオ通話があればできてしまいます。

ビジネススキルを公にするためには、まず自社やクライアントのプライバシーに触れない公開可能なスキルだけを抽出する必要があります。しかしそれさえクリアすれば、みんなでオンラインで共有して学びあうことができる時代なのです。すでに、プレゼンテーションを共有する「スライドシェア」や、ニュースに対する自分ならではの見識を共有する「ニューズピックス」などのWebサービスも広く活用されています。

上司が部下に仕事のコツを教えていくことも同じです。あらゆる職業や業種に紐付いた〝経験からくる知識〟を「expertise（エクスパティーズ）」と呼びます。ビジネス系ブログで、〝あるプロジェクトでこんな失敗をした〟というような反省を綴った内容を読んだことはありませんか？ これこそまさに、オンラインで公開されているエクスパティーズなのです。

あなたがビジネス街ど真ん中の大手町に住んでいても、遠く離れた与那国島住まいでも、インターネットがあれば、自分の中にバリュー（価値）を見つけて、非日常的な成長をアレンジしていくことはいくらでも可能です。

そして今後はあらゆる業種で、その成長を「いかに設計していくか」が重要になってきます。なぜなら、皆さんお気づきのように、社会が変化するスピードが劇的に速くなっているから。**その変化に対応できるだけの成長をしていくには、より効率的で、いつでもどこでもできる＝オンラインでできることが望ましいから**なのです。

変化の速い時代では、あなたの勤め先が突然リモートワークを推奨し出す可能性もあれば、進化するＡＩやＩＴ技術によって、必ずしも会社に行かなくても仕事ができるようになる日がくるかもしれない。それなら、今できることをやっておくのがいいと思いませんか？

POINT

自分の知識をシェアすることで、オンラインでも成長できる

ライフワークで食えなくてもいい

「はじめに」や「序章」でも触れましたが、これからはただ人の「役に立つ」だけでは、AIや海外の格安な労働力に負けてしまいます。そうではなく、「あなたと仕事がしたい」と思ってくれる相手を増やしていく必要があるのです。そのためには、「数」や「肩書」や「地名ブランド」といった他人の物差しを基準に成長するのではなく、「他の人にはない、あなただけの視点」を持ち、「自分なりの物差し」を鍛えていく必要があります。

そのためには、会社や組織など、1か所に所属するよりは、複数の所属先を見つけたほうがいいでしょう。なぜなら所属先が1つしかないと、自分の視点も1つに縛られてオリジナルな自分を打ち出せなくなるからです。

だからといって、「無理にでも副業すべき」と言っているわけではありません。

たとえお金が稼げなくても、ライフワークを持つだけで十分なのです。「好き」が見つからないなら、オンラインサロンや地域ボランティアに参加してみるのもいいし、社外の友人のプロジェクトを手伝ってみてはどうでしょう。要するに、**会社以外の物差しで自分を測ってみる機会を多く得たほうが、自分の成長ポートフォリオをより色鮮やかに描ける**のです。

では、そもそも「ライフワークを持つこと」をどのように考えればいいのでしょうか？実はライフワークを持つ重要性について、拙著『モチベーション革命』でも紹介しているのですが、本書ではより詳細にお話ししていきたいと思います。

極端な話、ライフワークは魂のごちそう、つまり「これがあれば楽しく生きられる」と思えることなので、それが1円にもならなくたっていいし、それで稼ぐことを無理に目指す必要もないのです。

たとえば仮にサーフィンが好きだったとして、ライスワークで最低限の生活費を稼げるなら、ライフワークを最適化できるように鎌倉に引っ越すのもいいかもしれません。サーフィンをすることはお金にはならなくても、いつでもできることで、仕事へのやる気や日常の幸福度が格段に上がるのなら、それはいいバランスのとり方だと思います。
また、以前テレビ番組でご一緒させていただいた林修先生は、「僕は人に教えることが大好きってわけじゃない。だけど教えることが一番効率よくお金を稼げるし、評価もされるし、誰からもありがとうと言われる。だから効率よく稼いで、あとは趣味のライフワークを淡々と楽しんでいる」という趣旨のことをおっしゃっていました。

もちろん、ライフワークで稼げるのなら、それに越したことはありません。しかし、この2例のように、バランスをうまくとり、ライスワークとライフワークの両輪でやっていくのもいいと思います。**一番大事な視点は、自分にとってそれが楽しいかどうか、幸せかどうか、**だと思います。

それに、ライフワークを持つことで生きがいを感じられるようになれば、極端な話、会社の仕事（ライスワーク）に対して、割り切って取り組むことができる場合もあります。会社の仕事が人生のすべてになってしまうと、たとえば「上司に認められないとダメだ」「数字を出せないと意味がない」などというような狭い価値観に縛られてしまう恐れがあります。
むしろ、「会社の仕事はあくまでライスワークだ」と割り切り、「自分には仕事以外にも生きがいがある」と思えると、肩の力が抜け、かえって会社でも大胆な成長ができるかもしれません。

もちろん、「好き」ではじめたライフワークを続けていくうちに、「好き」をギブできるようになり、それが仕事につながることもあるでしょう。ただそれは結果論であって、**はじめから「好きなこと（ライフワーク）で食べる！」と力む必要はないのです。**

大事なのは、1つの視点や他人の物差しに縛られないことです。人の成長を阻む一番の要因は、他人の目や失敗を恐れてチャレンジしなくなることです。また、ライフワークを持つことは、ただ「好きなことで食べる！」ことがゴールではありません。「好き」なことをコツコツ楽しむことが、複数の視点を持ち、自分なりの物差しを持って生きるためのプロセスにつながるのです。

ライフワークは、好きなことであればどんなに小さなことでもいいのです。つい癖になるようなことでも構いません。僕の友人に、フライパンややかんについたサビをひたすらこすって取るのが好きな人がいて、人の家に遊びにいくたび、会話をしながらサビ取りをするのが楽しみなのだそうです。本人にとってはただ「好き」で「楽しい」ことをしているだけなのに、もし誰かに「ありがとう」と言ってもらえたら、こんなに幸せなギブはありません。
もちろん、「ありがとう」と言われなくても、自分にとって魂のごちそうになれば十分、それは「好き」を満たしてくれるライフワークです。

POINT

「これがあれば楽しく生きられる」ものが「ライフワーク」

仕事を作り直して「天職」にする方法

一方で、今の職場や仕事の中で、自分の価値やライフワークに気づく方法もあります。

仕事で退屈せず、どこまでも成長していく人のほとんどは、端からみれば「何がそんなに楽しいの」と聞きたくなるくらい、いつも夢中だったり、幸せそうだったりするものです。

そしてそういう人は、たとえ与えられた仕事でも、すぐに覚えられそうな単純作業でも、その中に自分なりの意義や美学を見出していくことに非常に長けています。

自分の仕事を自ら設計し、仕事に対する意識や気持ちを変えていくことを「ジョブクラフティング」といいます。それには、次の3つの方法があるとされています。

1　社会的交流の質や量（範囲）を見直す
2　仕事の意義を拡げる（目的を大きな範囲から見直す）
3　仕事の内容に手を加えてみる（課題を変える）

ここでは、3つのポイントについて、具体的に説明します。

1　社会的交流の質や量（範囲）を見直す

そもそも人は、本能的に他人と結びつきたいと願うものです。その習性を利用して、仕事を通じた交流にやりがいを見出す方法があります。

たとえば、かつての僕の後輩は、事務職の傍ら、自社商品のユーザーに消費者インタビューをしてレポートを作成し、みんなに渡してくれることがありました。もちろん、そのデータが必ずしも必要というわけではないのですが、僕は彼女がたまに渡してくれるレポートがだんだん楽しみになり、時々はアドバイスをすることもありました。

彼女はルーティン作業に退屈しないよう、このようなボランティアをしながら、いつもなら関わることのない部署の人や、チームとの交流を楽しむことで、仕事の手応えを感じていたのです。実際、彼女は社内でも顔の広い女性でした。

2　仕事の意義を拡げる（目的を大きな範囲から見直す）

これは、仕事をする上で特に大切な意識設定です。たとえばスーパーの駐車場にいる誘導スタッフでも、時々、高級ホテルのベルマンのように美しい所作の人がいます。常に姿勢よく立っていて、仕草がオーバーではなく上品で、絵になる。きちんと挨拶もしてくれるから、いつもいろんなお客さんに話しかけられています。

同じ誘導スタッフでも、自分の仕事の意義を「ただ誘導している」とするか、より広い視野から捉え直し、「スムーズに案内することで、忙しい人たちに少しでもゆとりを感じてもらう」「それによってたくさんの家族に少しの笑顔を提供できる」と思うかで、まったく違う手応えが得られるでしょう。

3　仕事の内容に手を加えてみる（課題を変える）

ある程度仕事に慣れてくると、退屈になってしまい、気分が上がらなくなってしまいます。仕事をエキサイティングに感じられるラインとしては、自分のレベルに対し、仕事のレベルが少し高いくらいがちょうど良いのです。少し不安を覚えるくらいのレベルで設定したほうが、ジャンプしたときに果実をとったときの快感が大きく、エキサイティングになれるのです。

自分で自分の仕事の課題を設計できるようになると、自分が退屈になって疲れないようにも設計できるようになります。そう言われると、特に新入社員の方は、「今は自分で仕事を選んだり、設計したりする権限がない」と思われるかもしれません。しかし、これはどんな立場にいる方でもできることなのです。

たとえば職人さんの多くは、作業がルーティンになることが多いです。しかし、彼らは常に同じ作業でも、自分が退屈になる前に自ら課題を高く積んで、難易度を上げたりするのです。料理人なら「常連さんも毎回ちょっと驚く味付けにしよう」とか、鍛冶職人なら「お客さんには違いがわからなくても、俺にとっては病みつきになるくらい滑らかにしてやる」とか、そういった感じです。

これができる人は、資料を作る時でも「質問が来るようにあえてこんな感じで書いておこう」とか、ホチキスを留める作業ひとつでも、「ガンガンに揃えてやろう」などと、ちょっとした工夫を自分で楽しむ力を持っています。

没頭している人は、人を惹きつける

初めは何気ない作業でも、普段から退屈しないよう自分で課題を設計していけるようになると、たとえ上司に言われた仕事をただやるとしても、自分で課題を設計して夢中になれます。結果、どんな作業も没頭体験に変えることができます。職人のように、ひたすらゾーンに入っている状態をつくれるようになるのです。

ジョブクラフティングの達人たちは、このように日々、普段の仕事では関わらない範囲まで人との交流を広げたり、仕事そのものの意義を拡げたりすることで、いつもと違う景色を味わおうとします。

何より、仕事に自分なりの意義をもって働いている人の姿は、他者から見てもとても気持ちのいいものです。仕事に「美学」を持っている人の所作はどこか人目を引きます。そのことを本人もよくわかっているし、反響があることがまた嬉しくて、さらに技術を磨くようになります。

仕事を工夫することに、本人なりの意義や美学が重なっていくと、良い循環にハマり、ブーストがかかる。すると、もはや単純作業といわれる仕事だったとしても、その人にしかできない、唯一無二の仕事になっていくのです。そういう人にかかれば、どんな仕事も自分の天職になってしまうでしょう。

周りを見渡してみると、皆さんの周りにもいるはずです。ジョブクラフティングの達人を見つけたら、その楽しそうな仕事ぶりを観察して、自分のものにしてみるといいでしょう。

POINT

質や量・意義・内容を見直して、仕事を唯一無二のものにする

転職を捉え直してみる

多くの人にとって、転職とは〝人生の分岐点〟に匹敵するほどの大きなイベントであると思います。もちろん、転職は大きな変化とそれに伴う成長を促してくれますが、逆にいえば、転職しなければ成長できないわけではありません。

たとえば「好き」をもとにしたライフワークを通して、〝ライフワークを強化するためにボランティアで「好き」を生かしてみる〟という選択肢もあります。実際、僕の友人は子どもが好きで、会社での仕事が終わったら、「子ども食堂」でボランティアをしています。彼にとっては、子どもと接することで「好き」が満たされること、会社では学べない幼児教育のスキルを磨けることが大きな成長のメリットにつながっているそうです。

つまり、〝自分は好きでやってるから、無料でも手伝いたい〟と思えることからはじめれば、転職によってもたらされる成長を、今いる環境でも促すことができるのです。いわば〝擬似的な転職〟です。たとえば僕の場合、前職のリクルートや楽天、グーグルを今でも〝自分ごと〟と捉えているので、〝なにかあればいつでも手伝うよ〟というスタンスでいますし、実際にプロジェクトに参加することもあります。それは単純に、僕が前職に関わることが「好き」だからです。

要するに、あくまで自分の成長を主軸に捉えるなら、**転職のために重たい決断をして仕事をゼロイチにしなくても、今ある範囲の中で手を広げることで、成長することもできるのです。**

たとえばこんな話もあります。ある女性は盆踊り好きが高じて、はじめは都内の盆踊りを巡っていたのですが、次第に夢中になり、だんだんと全国の盆踊りを巡ったり、地域ごとの唄の成り立ちや祭りの歴史を学んだり、ボランティアで地域の祭りや行事を手伝ったりするようになったそうです。はじめは単なる趣味や仕事のストレス発散くらいにしか捉えてなかったそうですが、もともと踊ることが好きだったので、気づけばディープにのめり込むようになったのだとか。

そしてあるとき、彼女は生まれ故郷の盆踊りが20年以上廃れていたことを知り、ついに地元の人たちと協力し合って一から祭りを復活させたそうです。以来毎年、祭りの主催にボランティアで関わり続けているそうです。

僕が言いたいのは、「好き」は人の成長を強く促し、新しい扉を開いてくれるということです。もちろん、給料や条件、また相性などの問題で転職を考えている場合はまったく別の話ですが、もし「転職で成長したい」と考えるのなら、無理に重たい決断をするより、まずは自分の「好き」で周りの人やコミュニティにギブしてみることからはじめてみてもいいと思います。

POINT

「好きなことに転職」よりも、「好き」をギブすることからはじめる

「知る」「わかる」「できる」「している」の振り返りループを回す

セミナーや講座を受けた時、アンケートでよく「面白かったです」「楽しかったです」とか「前回の分を振り返ってみます」というようなコメントをしていませんか？　雰囲気を反芻するだけで終わらせてしまうと、結局成長につながりません。ここでは、セミナーを受けたあと、いかに自分の成長につなげるのかを考えるための「振り返りの技法」についてお話しします。

4段階の振り返りの技法

「振り返りの基本ループ」

①　客観的事実
②　主観的感想
③　一般化（敷衍（ふえん））
④　適用（③を検証するためにすぐやることの宣言）

そもそも多くの人は、何を聞いたかを振り返る「①客観的事実」と、次の「②主観的感想」、つまり自分の心がどこに響いたかを振り返る作業がごっちゃになりがちです。

何を学んだかは、すでにメモなどをとっていると思うので、それを読み返しながら「何が響いたか」を振り返りましょう。たとえば、自分の強みに気づかされたとか、弱みがわかったとか、新しい観点を得たとか、いろんな心の風景があるはずです。

さらに、セミナーで学んだこと①をどう自分に適用させられるかを考えます。つまり、いかに具体的な行動として③、自分の日常に落とし込むか④を考えるのです。

この「知る」「わかる」と、「できる」「している」の間には、いくつもの壁があるのです。

友人の仲山進也さんの著書『楽天大学学長が教える「ビジネス頭」の磨き方』（サンマーク

「知る」と「わかる」、「できる」と「している」の違い

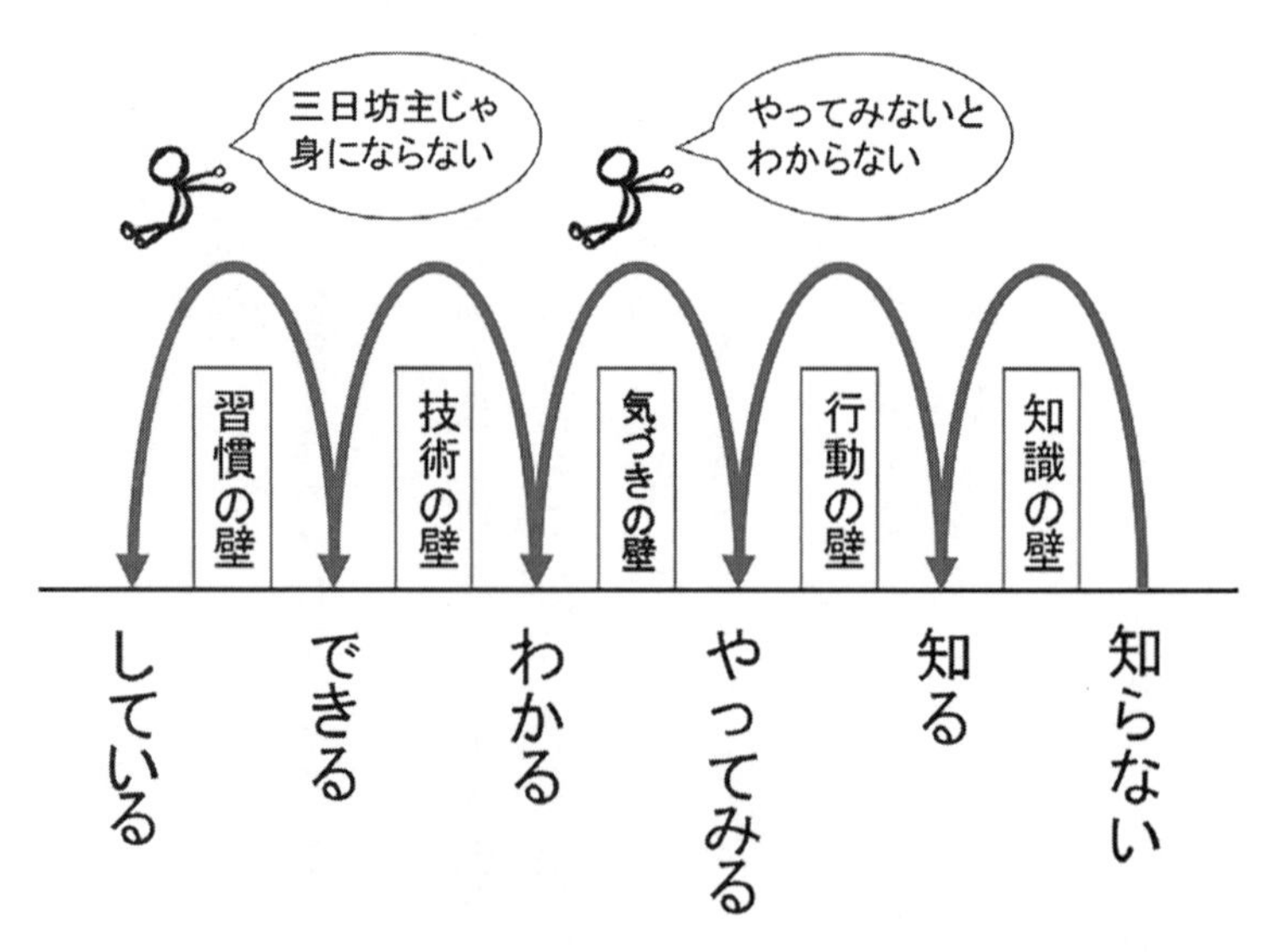

出典：仲山進也『楽天大学学長が教える「ビジネス頭」の磨き方』（サンマーク出版）

出版）の文中にある図が非常にわかりやすいので上に引用します。

身体を使うことが「やってみる」こと

では具体的に行動するとは、どのようなことでしょうか。我が家で実践していることをお話しします。僕は以前、小学生の娘に「車のメーカーは、後ろについているマークでわかるんだよ」と教えました。さらに日本に帰ったとき、「あれがトヨタで、あれが日産」と教えます。すると、今度は韓国に行ったとき、娘のほうから「韓国って、日本車あんまり走ってないね」と気づ

いたことを教えてくれます。

ただ話を聞いただけでは、身にならないのです。だから、実際に外に出てみて、身体を使って調べてみる。これが、「知る」と「やってみる」の壁を越えるということです。この行動の壁をちゃんと越えてみるのが大事なのです。

さらに重要なのが、やってみた後に、**「何ができないのか」「何を知らないのか」に気づくこと**です。それがわかれば、あとは行動するだけです。娘の場合なら、イタリアに行ったときにわからないメーカーがあったので、エンブレムをスマホで撮影して、グーグルレンズや画像検索で調べました。

そして僕に「パパ、イタリアではフィアットが多いんだよ」と教えてくれます。それくらい習慣化してくると、「あれ、ヨーロッパでは日本車より韓国車が多いね」という風に、マーケティングの目が自然と育つのです。

セミナーで話を聞いて、自分が興味を持ったとき、同時に「どうやって自分の行動に落とし込めるか」というところまでレールを引っ張ってあげましょう。そうすれば、あとは日常の中で自走します。だから、アンケートをその行動宣言の場として、活用していただきたいのです。

セミナーなどのアンケートは、どうやって日常に落とし込めるかを考え、その行動宣言をする機会です。それをいつやるのかも書くといいでしょう。せっかくお金を払ったり時間を使ったりしているわけですから、登壇者とのコミュニケーションの機会ではなく、明日からの自分が何をするのかをアウトプットする場だと捉え、生かしてみてはいかがでしょうか。

POINT

興味を持ったら「どうやって自分の行動に落とし込めるか」を考える

成長を妨げる「思考停止ワード」

セミナーや講演でのアンケートは、自分が翌日から起こすアクションを具体的に宣言するつもりで記入すると成長につながる、という話をしました。ただ、ここでの「具体的な宣言」にも、少しポイントがあります。

おそらく、回答者は具体的に書いているつもりだと思うのですが、よく見かける「心がけます」や「イノベーションを起こしてみせます」「顧客第一で頑張ります」などの言い回しは、具体的な言葉ではありません。

たとえば、「顧客第一」という言葉。文字通りなら、会社の利益は第二にして、どこまでも顧客のために尽くすということになりますが、それでは経営になりません。だから、「顧客のために何をして、どうやって会社の利益とのバランスをとるのか」を考えなければいけないのに、ただ「顧客第一」と掲げることで、その中身を熟考することから逃げてしまっています。「イノベーションを起こす」も同様、まず、どんな問題意識から生まれる目的かを明確にするべきです。

つまり、これらは何か宣言をした気になってしまっているだけの言葉で、これではかえって思考が深まりません。こうした言葉をマッキンゼーでは「思考停止ワード」と言って、自らの思考を深めない罠にはまらないようにしていました。

では、なぜ、こうした思考停止ワードに逃げてしまうのでしょうか。それは、**「失敗するのが恥ずかしい」という思いから、つい踏み込むのを避けてしまいたくなるからではないでしょうか。**

しかし、セミナーや講演は、そもそも自分に足りないものを明確にしたり、補ったりする機会です。そこで「恥ずかしい」と躊躇することは、成長の妨げにしかなりません。恥ずかしさを理由に、一見やる気があるように見える思考停止ワードを連発していては、何も前進しないのです。

自分との議論をやめてはいけない

日常の会話でも、あまり考えず「深いですね〜」などと言ってしまったことはありませんか？　相手の話についていけなくなってくると、会話そのものが不安になって、つい「深い」「面白い」など漠然とした相槌を打ち、その場から逃げようとしてしまう。本来なら、ついていけないほど深く感じること、面白いと思う理由を話し込んでもいいはずなのです。

こうした相槌は、議論を避けるための技法でもあり、時には便利なこともありますが、議論を避けるということは、「他の人との議論」を避けているだけでなく、「自分自身との議論」をやめてしまうということでもあるのです。

たとえば落合陽一さんや石川善樹さんのように進化の速い人たちは、自分に対する議論をやめません。要するに、自分に理解できないことをごまかさないんです。だから、理解できるまで「こっちの角度から考えてみよう、あっちの角度から見てバリエーションを増やしてみよう」という風に、ずっと思考し続けるのです。

思考停止ワードは無意識に自分を守り、自分の成長を妨げるものです。ふとしたとき、自分が思考停止ワードに逃げていないか、観察してみるのも面白いと思います。

POINT

自分自身との議論をして、ありきたりの言葉に逃げない

新しいジャンルの知識を30分だけで身につける読書術

人事異動や転職など、ビジネスシーンで新しいジャンルの知識が必要になることは多々あります。そうでなくても、AIについて知りたいとか、最新のIT事情はどうなっているのだろうとか、自分をアップデートさせていくための学びは欠かせません。

そこで今回は、新しいジャンルの基礎知識を得るために、筆者が普段「30分だけ」で行なっている方法をご紹介します。

①　まず、自分が知りたいジャンルについて、アマゾンでキーワードを検索します。さらに、該当ジャンルのうち、トップセラーで、なおかつレビューの評判がいい本から、気になったタイトルをいくつかピックアップします。

②　次に、グーグルで「本のタイトル名　まとめ」とか「本のタイトル名　感想」で検索をかけてみます。そして、1ページ目に出てきた検索結果を、すべてタブで開きます。

著名人からブロガー、一般の方まで、1ページ目にはよく読まれているレビュー記事が表示されるので、タブを開くごとに5秒ほどで読むか読まないかをジャッジしていきます。このとき、読まないページも削除せずに残しておき、気になったページのみ読み進めます。

ここでのポイントは、記事のすべてを精読する必要はないということです。読むべきは、筆者の個人的な感想などではなく、あくまで本の引用部分や、要約されている箇所です。つまり、すでに本を読んだ誰かが「これはためになる、面白い」と思って本から抽出した部分を、自分好みにスクラップしていく作業なのです。

③　記事を読みながら、あまり深く考えず、心が動いたものや気になるものを1つずつメモにコピペします。もう少し知りたいなと思ったら、読まずに残していたページからも抜粋していきます。

ちなみにメモについては、僕の場合、あらかじめエバーノートに書名ページを作っておき、そこに貼り付けていきます。メモは皆さんのやりやすいもので作ってみてください。

④　あとは気がすむまで、②～③の作業を繰り返します。この時点で、コピペした数が多かった本は、すでに買う価値ありと見なします。なので、ひとまずカートに入れておきます。ただし、この時点ではまだ購入ボタンは押しません。

⑤　次の本も、同じ作業を繰り返します。5冊ほど終わったら、コピペしたメモを5冊分もう一度振り返り、そこで吸収できることを得たら、作業は終わりです。この時点でだいたいの基礎知識を得ることができるでしょう。

ここまでが、知りたいジャンルの基礎知識を得る簡単な方法です。念のため、さらに知識を掘り下げていくための方法も紹介します。

⑥　基礎知識が身につくころには、さらに知りたいキーワードが出てきたり、思いついたりします。さらにそのキーワードで検索をかけ、①～⑤を繰り返します。

⑦　最後に、一番読みたいと思った本を購入します。届いたらまず読み流して、必要な箇所をスクショしていき、知識を掘り下げていきましょう。そこからさらに、新しく知りたいキーワードは何かを考え、①に戻ります。

以上が、僕が実践している方法です。

基本的にこれらの作業はループしていて、終わりがありません。大事なのは、知りたいジャンルの本について調べていくうちに、新しいキーワードや、疑問、掘り下げたいことに気づき、言語化していく作業です。この作業を繰り返すことで、より知識を深掘りし、自分の血肉にしていけると思います。

最後に1点、補足します。もしかしたら、本を制作する立場の方から見れば「これだと本の内容のデジタル万引きじゃないか？」と思われるかもしれません。確かに一見、抜粋された内容をタダ読みしているようでもあります。

しかし、多くの読者にとって、本は中身がわからないと買わない、買っても時間がなくて読みはじめられないものであったりもします。であれば、要約を知った上で、何のためにその本を読むのかと目的を明らかにして読むためにも、この方法は有効だと思うのです。この方法によって、読者は本の購入機会が増え、読む量も増えることになると考えています。

この方法を実践されたら、ぜひ、実際に読んだ本の感想、よかったところをフェイスブックやブログでポストしてみてください。アウトプットすることは最大のインプットになり、次の誰かの肥やしや機会につながります。

月100冊の読書術の理由

より多くの本から情報を得るコツは、〝本は全ページを読むもの〟という思い込みを手放し、〝自分は何を知りたいか〟という目的設定をきちんと行った上で読むことです。ちなみに僕は月に約100冊の本を読みますが、200ページの本につき3分ほどしか読まず、最後まで読むのは20冊に1冊程度です。

僕が実践しているのは次の方法です。

① 目的を設定し、ページをぱらぱらとめくり、自分の目に止まったところだけ読んでみて、「これ以上この本を読むべきか」を判断する。
② 読むべき本だと判断したら、次はどんな情報を知りたいか、目的を更新しながらもう一

度ぱらぱらめくる。

③　2周してもこの本が気になると思えたら、次は気になるページを思い切って切り取り、そこだけ読む（電子書籍なら、スクショをとる）。

　ここで重要なのは、たとえ理解できなくても精読せず、24時間後、3日後、7日後……に反復して読み返すことです。すると脳の構造上、記憶が定着します。さらに人の脳は不思議なもので、その場で理解できないことでも、反復して脳に定着させておけば、ある日突然、散歩中などにすっと理解できるようになったりするものなのです。

　また、たとえ最後まで読まなくても、多くの本に目を通すことは有益な情報収集になりますし、自分の生涯を変えるような素晴らしい本に出会う可能性も上がります。そのためにも、ぜひ気負わずに、よりたくさんの本にダイブしてみてほしいです。

POINT

すぐ本を読まずに、「まとめ」の検索からはじめる

情報分析は、〝分類〟である

皆さんは「情報分析」と聞くと、つい「1つの情報からあらゆることを分析する状態」をイメージすると思うのですが、実は「情報分析」という行為の8割は、分析ではなく分類です。つまり、自分が知っている過去の情報のどれかに当てはめるという行為です。情報分析のうまい人や、それを生業にしている人は、〝分類〟がうまいんですね。だから、これまで僕がお話ししてきた情報にまつわるハウツーは、すべて〝情報をどう分類するか〟という話でもあります。たとえば、もしトランプ大統領のことを分析するなら、まず政治の歴史をおさえ、本人の生い立ちを調べ、さらに国の歴史や歴代トップの傾向などのあらゆる情報を集め、それをどんどん分類します。

で、それを本人を前にして、「あなたってこうですよね」と当てはめていきます。

やっていることは情報の分類にすぎませんが、言い当てられた本人は「自分のことを分析された」と思うから、相手は驚きを感じたり、一目置いたりします。それで、自分のことを自分以上に知っているような相手を、取り込んでおこうと思ったりすることもあるでしょう。

少し実践的な例ですが、経営者と会うときは、その会社の歴史や、その人がどんな選択をする傾向があるかを見ます。しかし、それ以上に僕が見るようにしているのは〝何を捨てたか、何をしなかったか〟です。本人が好きなもの以上に、これまで何を捨てたか、という情報を見ていくと、その経営者の傾向をつかみやすくなります。

なぜかというと、1つの選択肢を捨てる、つまり事業を切り捨てるというような行為は、経営者として非常に胆力のいることだからです。僕の場合、そこを見てから経営者とお会いすると、会話がかみ合うことが多かったです。「どうしてあの選択肢を捨てたのか」についての質問をすると、相手は非常に喜んでくださるし、捨て切れないからこそのこだわりもまた見えてくる。

大事なのは、情報を分類するフォルダをいくつも持っておくことです。これまでもお話ししたように、「この新聞の使い道って、何があると思う?」と問われたとき、何通りもの答えを用意できるようにする。また、ニュースを見るときも、「あの人ならどう見るだろう?」と常に多くの人の価値観を理解しておくことで、情報を分類できるようになり、分析ができるようになる、というわけです。

POINT

情報のフォルダをいくつも作っておこう

働き方はいつからでも変えられる

働き方を変えていくのに、果たして年齢は関係あるのでしょうか。結論からいって、僕はまったくないと思っています。後述しますが、僕自身、40代を超えてから働き方を大幅に変えた人間だからです。

しかし、働き方を変えるのは、とても困難なことだと思う方も多いと思います。そこでまず、自分で設定した目標に向かって自分の習慣を変えていく簡単な方法をお話ししたいと思います。

たとえば僕の友人のけんすうさんは、若い人から「やる気が出ません、けんすうさんのモチベーションはなんですか?」と相談されると、「すごく簡単なことでいいので習慣にしましょう」と答えるのだといいます。

人間の行動の半分以上は習慣化されたことをやっているものなので、1度習慣化してしまえば、そもそも「やる気が出る、出ない」で悩む必要がなくなるのです。これは歯を磨くとき、歯を磨くこと自体へのやる気が出る、出ないなどといちいち考えないことと同じです。たとえどんなに「何からはじめたらいいのかわからない」と悩んでいる人でも、歯を磨くことはできます。それくらい、まずは習慣化しやすいことからはじめてみればいいのだと思います。

たとえば〝漫画を描いてみたい〟という人がいたとして、はじめから目標を〝月に2本、新作を投稿する〟と設定してしまうと、そもそも生活スタイルを大幅に変えなくてはならないので、かなりのモチベーションが必要とされるでしょう。しかし、最初の目標を〝1日15分、何も思い浮かばなくてもいいから机に座ってみる〟ことにして、習慣化させてみるとどうでしょうか。慣れてきたら、まずは手の形をスケッチしてみたり、ただ思いついたことをメモしてみたり、少しずつ手が動いて、机に座ること自体が習慣になってくるかもしれません。

このように、小さな階段を自分に設定していく上で大事なのは、**「どれだけ自分を甘やか**

せるか」だとけんすうさんは言います。たとえば、彼の友人でもあるひろゆきさんは、領収書を処理しなければいけないときに、「4時間ゲームをやったら1枚処理する」くらいに基準を下げるそうです。

実際にやってみると、2枚目以降の作業は意外にもさくさくと進むのだとか。つまり、最初の1枚に取りかかるまでのハードルが高いだけで、作業をはじめてしまえば苦手なものでも案外脳が騙されて、気楽にできるようになるのです。また、4時間ゲームをして領収書を1枚だけ片づける、となると、だんだんと罪悪感が生まれるので、そこで少しお尻を叩かれた気持ちで取り組んでみる、という作用もあると思います。

自分のやりたいゴールを細分化し、その階段を上っていくためには、何が足りなくて何が足りているのかをまず整理する必要があります。漫画の例に話を戻しましょう。たとえば、すでにキャラクターを描くことが大好きで習慣化しているけれど、キャラクターが立っている背景を描けないのであれば、まずは家の中のトイレや台所など、どこでもいいので1日1枚描いてみるのもいいでしょう。

あるいは、漫画は描きたいけれどなんのリソースもないのであれば、「今できる最初の1歩は何か？」「その1歩目はいつ踏み出すのか？」を明確にすることです。その上で、前述したように「まずは1日15分、机に座ってみる」というような最初の1歩を踏んでみるのです。はじめから「やる気が出ない」「まず何をしていいかわからない」のは、そもそも自分の中でハードルを高くしてしまっていたり、今踏み出すべき小さな1歩を大きくしてしまっていることが多いので、まずは必要なことをなるべく細かく言語化してみるといいでしょう。

いつからでも、いくつからでもはじめられる

しかし、なかには〝若い人は小さな階段でいいかもしれないけど、自分は若くないから、やはり大きな階段を設定しないといけない〟と、焦ってしまう人もいるかもしれません。本当にそうでしょうか？

たとえば僕は、42歳になった今でこそ本を出版させていただいたり、講演会やテレビに呼んでいただいたり、自分でもオンラインサロンを運営するなど公に出るようになりましたが、40代になるまでは一切、人目につかないように生きてきました。30代のころはフェイスブッ

クのポストさえ友人限定公開に設定していたくらいです。

理由は、裏方仕事が多かったこと、大勢の人の前で話すのが苦手だったこと、自分が世に出なくてもすでにたくさんの才能を持った方々が出ているから、自分はせめてそのサポートができたらいい、自分の出る幕ではないと思っていたからです。

しかし、出会う人たちから講演や本の出版などをすすめられる機会が年々増えたことをきっかけに、自分が公の場で役に立てることがあるならと、まずは表に出る苦手意識を変えていくことから取り組みました。

まずはフェイスブックのポストに、時々公開ポストを加えてみたり。講演も、小規模の会場で、登壇者の対談相手としてなら出させていただいたり。人前でわかりやすく話せるように、アナウンサー教室に通ってみたこともあります。そうやって、少しずつ慣れていくことで、苦手意識を克服していきました。そして結果的に、働き方そのものを大幅に変化させることができました。

つまり、自分を変化させるために小さなステップを踏んでいくのに、年齢は関係ないと思うのです。〝もう年だから〟と諦めたり焦るくらいなら、まずは小さな1歩を踏み出してみるほうがずっと楽しいんじゃないかなと僕は思います。

ギブを通じて見えない未来に恋しよう

とはいえ変化することは怖いですよね。
だからこそのギブだし、だからこそ、自分に意味を感じてくれるパス回しする相手を見つけていくことだと思います。

ギブを2種類あるという話をしました
1つは、自分の内側にある力で、人にありがたいと思われること。
2つ目は、相手の視点に立って、自分の外側にあるモノを自分の思いを載せてギブすることです。

自分の内側にある好きをギブしていく中でライフワークに出会い、ギブした相手とライフワークに夢中になっていくうちに気づけば遠くまで来ていたり、好きな相手の視点に立って、相手が好みそうなものを探しているうちに、自分の壁を乗り越えていけるようになっていたりと、ギブには気づいた時には遠くまで行けている力があると信じています。

何よりあなたからのパスを喜んでくれる相手が見つかれば、失敗すら楽しみに変わってきます。「役に立つ」で成立する付き合いは「役に立たなければ」ツライですが、「意味がある」付き合いには、ミスや失敗も（むしろ失敗のほうが）いい思い出になりますよね。

変化の時代は、昨日まで正解だった解決法が通用しなくなる時代です。誰も知らない未来に向かう旅路は教科書に載っている解き方をなぞることではなく、たくさんの失敗の中で正解に辿り着くしかありません。そして、むしろ「役に立つ」ことに価値がなくなる時代では上質なレストランのステーキよりも途中の失敗も含めて楽しめるＢＢＱのほうがずっと「意味」という価値があります。

あなたに１人でも２人でも失敗を含めて楽しめるパス回しができるギブの相手がいれば、つい不安になってしまうくらい先のわからない未来への旅も、楽しい冒険の旅路に変わりませんか？

むしろ見えない未来こそ、新しいギブの種がたくさん眠るワクワクの宝の山です。

さあ、ギブを通じて見えない未来に恋しよう。

その先にきっとあなたは誰かにとって意味のある存在になり、

それが積み重なっていって、何者かになっていく。

楽しくないですか？

小さなギブと「有り難う」からはじめましょう。

POINT

誰でもはじまりは小さな1歩から

まとめ

- 自分自身との議論をやめない
- 本は読まなくても知識を得られる
- 成長するために年齢は関係ない

対談

「自分の価値」の見つけ方

前田裕二
尾原和啓

自分の「価値」の見つけ方

誰もがコミュニティの主人公になれる時代に

尾原：オンラインサロンなどの〝オンラインコミュニティ〟がブームになったのは一昨年からですが、前田さんが運営されているSHOWROOMは7年目に突入ですね。しっかり文化になっている。

前田：ありがとうございます。SHOWROOMもそうですが、様々な形態のオンラインコミュニティが発達したことで、必ずしもフォロワー数の多いインフルエンサーじゃなくても、努力次第で「小さな経済圏」をつくれるようになりましたね。

尾原：そこで今日のテーマが「誰もがコミュニティの主人公になれる時代」。まさに「小さな経済圏」について前田さんと語りたかったんです。前田さんは、かれこれ5年くらい、「価値主義の時代が来る」と言い続けていて、ようやく去年ぐらいから当たり前のワードになってきましたね。

前田：そうですね。メタップスの佐藤航陽さんが著書『お金2・0』（幻冬舎）の中で「資本主義と価値主義を選ぶ時代が来る」という言い方をされていましたが、とはいえ、価値主義ってまだそんなに大きくは広がっていない現状がある。ここを深く考えるのが面白いと思っています。その議論につながる事例を1つ紹介したいのですが、先日、すごく面白い演者と出会ったんです。元事務員の女性なのですが、自分の洋服ブランドを立ち上げる夢を持っていて、あるとき「小さくてい

前田裕二

プロフィール

SHOWROOM株式会社代表取締役社長。1987年東京生まれ。2010年に早稲田大学政治経済学部を卒業後、外資系投資銀行に入行。11年からニューヨークに移り、北米の機関投資家を対象とするエクイティセールス業務に従事。数千億~数兆円規模の資金を運用するファンドに対してアドバイザリーを行なう。2013年、DeNAに入社。仮想ライブ空間「SHOWROOM」を立ち上げる。2015年に当該事業をスピンオフ、SHOWROOM株式会社を設立。同年8月末にソニー・ミュージックエンタテインメントからの出資を受け、合併会社化。

いから夢を叶えたい」と決意して。でもすぐにクラウドファンディングをやっても、お金が集まらないと思った。そこで半年ほど、ＳＨＯＷＲＯＯＭで毎日、演者として活動したんです。

尾原：おお！　いい話ですね。

前田：この話がすごくよいヒントになると思ったんですが、価値主義は３つに分解できると思うんです。

①信用を貯める装置
②信用を可視化する装置
③信用を資本主義文脈、つまり社会と換金する装置

この３つのレイヤーがある。彼女の場合、まず、信用をＳＨＯＷＲＯＯＭで貯める、という、貯蓄のレイヤーを経たというのがポイントです。その後、その影響力をＳＮＳで可視化し、さらには、きちんとお金を引き出せるレベルの共感が貯まった時点で、クラウドファンディングを行なった。つまり、ＳＨＯＷＲＯＯＭで貯めた信用や価値を資本主義文脈に換金したんです。結果５００万円ほど集まって、ブランドを立ち上げるに至ったんですよ。

それに、彼女は自分のブランドを持ちたいのであって、必ずしも「影響力を持ちたい」とか、「より多くのお金を稼ぎたい」というわけではない。自己表現が誰かの役に立ち、評価され、自活できて幸せに生きていけるんだったらそれでいい。そういう小さな経済圏もあっていいと思うんです。資本主義では誰もが大規模な売上を目指すのが当たり前ですが、価値主義の世界では、必ずしも必要ではないですよね。

尾原：価値主義が生む「小さな経済圏」ですね。僕も同感です。実は楽天市場の中にも、小さな経済圏はあるんですよ。もちろん月商1億円を超えるような店舗は何百店舗もあるし、それはそれで素晴らしい。でも実は月商300万～500万円くらいで、あえて成長しない選択をする店舗さんも多いんです。というのは、月商が500万円以上になると、人を雇わなきゃいけなくなるんですよね。

前田：なるほど。

尾原：店舗さんからすると、「いや俺は、鎧兜(よろいかぶと)が超好きなんだ！　だから鎧兜に関するメルマガを書いたり、お客さんとメールのやりとりをしたりするのが大好きなんだ。それなのに年商を伸ばしたら忙しくなって、お客さんと向き合う時間が減るじゃないか」と。それなら、月商が500万円あれば月100万円は入るから、地方で夫婦2人で経営する分にはかなりリッチな収入になります。
だから、むしろ小さな経済圏であえてとどまり続ける店舗さんのほうが、偏愛の塊を磨き続けていたりして、店舗としてもすごく面白かったりする。

前田：そうですね。規模をむやみに広げていこうとすると、愛情も分散してしまうリスクをはらみます。もし、人間としての尊厳欲求を感じながら生きるという絶対の目的があるんだとしたら、お客さんと深い絆でつながって、別に広げないのも選択肢だと僕も思っていて。これが価値主義のよいところだと思っています。

数の魔力に惑わされない

前田：今ユーチューブで「中田敦彦のYouTube大学」が人気ですが、彼はチャンネル登録者数を表示しなくなったんですよね。当然表示すれば、「堀江さんやDaiGoさんのような、同じ規模のチャンネルに負けないぞ」という競争心が、本人にも生まれるし、コミュニティの中でも「他のコミュニティに勝っていこうぜ」みたいな一体感が生まれるから、一見すると成長速度が上がる装置にもなるんだけど。

でも本来、数字で勝つことは競争の手段だったはずなのに、それじゃ目的になってしまう。本人にとってもファンにとっても幸せじゃないですよね。だから、あえて消したんじゃないかと思うんです。これってすごく面白い試みですよね。

尾原：やっぱり数字ってわかりやすい分、魔力がありますから。いかに制御してコントロールするかも、今の時代に必要な能力だと思います。ただ実際、数の魔力に勝つのって難しいとも思うんですよ。たとえば、SHOWROOMの中でも、小さな経済圏がいくつも生まれていますよね。演者さんの中には、千万単位の売上がある方も珍しくないですし、SHOWROOMの売上だけで自活できている方も多い。一方でそれは、数の魔力や、成長の罠との戦いでもあると思うんです。あえて拡大しないことを選択した人たちは、何を糧にして、小さな経済圏を持続的なものにしているんですか？

前田：2つありますね。1つは、応援してくれる共感者、サポーター、ファンの存在が燃料になっているんです。たとえば今すごく伸びているある若手アイドルグループがいるのですが、以前ドーム会場で3日間の大型ライブをやったんです。5万人×3日間です。すごい規模ですよね。

でも、そこでメンバーが口にすることって、「もう感謝でしかない」なんですよ。「まだ経験の浅い自分たちを5万人のドームに連れて来てくれたのは、他でもない、ファンの皆さんです。ちょっと僕たち、愛を与えられ過ぎていますよね」って。心からの感謝の叫びです。だから、これからもっと頑張ってパフォーマンスを練習して、みんなを幸せにすることで還元していきたい、という気持ちになるんだと思います。

SHOWROOMの演者たちも似ていて、ファンから先にギブされている感覚なんです。100のギブを受けたら、もっとそれを上回るように返したい、まだ30しか返せてない、みたいな、感謝と恩返しの差分を感じていることが、モチベーションになっていると思います。

尾原：なるほど。以前、中田敦彦さんと対談したときに、彼は「エンタメって、本来目の前にお客さんがいて、彼らから与えられたものを返すために全力で良いものをつくっていくことが本質だったのに、この100年間だけ歪んだんだ」とおっしゃっていたんですよね。もともと落語や漫談の場は課金システムだったわけですから。

にもかかわらず、テレビが演者とお客さんの間に入ったこの100年だけ、広告収入という仕組みができて、「視聴率」という数のおばけが誕生してしまった。でも今はインターネットを通じて、お客さんの顔が見える形に回帰してきたんですよね。

ただインターネットの場合でも、どうしても再生回数とか、登録者数という数字のほうが目立ちやすくはあるから、目の前にいるお客さんよりも数のおばけのほうが大きく見えてくる。だからこそ、「自分を支えてくれる目の前のお客さんをもっともっと楽しませたい」という本質にどこまで立ち戻れるかが大事なんですね。

そう考えると、本来ならもはや再生数すらいらないかもしれないんだけど、一方で再生数って、制作者にとってはフィードバックでもあるから、よりコンテンツの質を上げるためには重要な情報でもありますよね。

前田：それにユーザーにとってはキュレーションの役割にもなりますしね。同じような内容で３００回と30万回の動画なら後者を選びますから。だからキュレーション機能だけもっと精度を上げてくれれば、ユーザーにとって再生回数はあまり意味がなくなりますよね。

尾原：そうですね。たとえば楽天市場も店舗さんへのフィードバックシステムを徐々に変えているんです。今までは、メールアドレスの登録者数や、流通金額が指標になっていたんですけど、最近は、「どんな検索ワードで店舗ページにたどり着いたか」を指標にしていたりするんです。

つまりお客さんの検索ワード＝需要ですから、供給とのギャップを把握できる。じゃあ需要に対して供給を満たすには、どんな検索ワードを埋めてあげればいいのか、ということを店舗さんに考えてもらうようにしているそうです。

だから、量ではなく「どんな愛、価値をお互いに交換するのか」という場に変化してきているんですね。

前田：うんうん。面白いですね。

尾原：インスタグラムもだんだんとオンラインコミュニティ化していて、〝ハッシュタグ経済〟が生まれはじめているんですよね。「#宅トレ」というハッシュタグが人気で、検索してもらうとわかるんですけど、月に50万ポストぐらいあるんですよ。

家で1人でトレーニングするのって寂しいから、「#宅トレ」で投稿し合って、モチベーションを上げるんです。それによって12キロぐらいダイエットできた人が15万人フォロワーもついて、「じゃあ今度は自分がみんなの応援をする！」と言ってダイエットトレーニングの資格を取り、パーソナルトレーニングをはじめたそうです。それでもう自活できているんですよね。

つまり、数字のおばけに囚われるのではなく、どういうハッシュタグの中でお互いに「ありがとう」という価値を交換しあうかが、インスタグラムでは自己形成的に生まれている。それを最もうまく設計しているのが、ＳＨＯＷＲＯＯＭだと思います。

前田：なるほど。家計簿のハッシュタグも、すごく盛り上がっていますよね。一家族だけで完結して家計簿づけをやっても寂しいけど、それを誰かの役に立てたり、誰かに褒められたりする、ちょっとしたコミュニティの接続性があるだけで、急にモチベーション上がったりしますもんね。

尾原：そうなんですよ。だから、１人でやると孤独でも、並走者がいると頑張れる。そして先に達成した人が、次に走る人を助けるという小さな経済圏が生まれるんです。

夢を持てない人はどうすればいいのか

前田：ただ、誰でもやりたいことや目標、夢を持てるわけではないんですよね。価値主義って、そもそも個人が他人を熱狂に巻き込むほどの夢、やりたいこと＝ｗｉｌｌがあることが前提になっているけれど、実際は自分のｗｉｌｌが見つからないことのほうが多いとも思うんです。

尾原：そうですね。実はやりたいことがある人のほうが稀で、ほとんどの人は、日々の暮らしで精いっぱい。だからこそ、そこから抜け出したい人はどうすればいいのか、前田さんはどう考えますか。

前田：僕は、まずやるべきこと（ｍｕｓｔ）やできること（ｃａｎ）からはじめていったほうがいいと思うんです。無理にやりたいことや夢（ｗｉｌｌ）を見つけることからはじめなくてもいいのではないでしょうか。僕はコンプレックスの塊だったから、かえってｗｉｌｌを持てたけれど。そもそもはじめから、強烈なｗｉｌｌを持っているなんて、あまり一般的なことではないです。いじめられた過去があるとか、よほど強烈な原体験でもない限りは持てないですよね。

しかもｗｉｌｌがない状態から、改めてｗｉｌｌを探すのってすごく苦しいと思うんです。だから、「これからは価値主義の時代だから、熱狂する人にこそ共感が引き寄せられます」って言われている中で、すでにｗｉｌｌがある人と、ない人の間でギャップが生まれてしまっている。最近それを「ｗｉｌｌハラスメント」って呼んでいるんですけど。

尾原：「価値経済の時代なのに熱狂するものがないの？」「それで君のｗｉｌｌは？」とい

うハラスメント。

前田：そうそう。でも僕としては、ｗｉｌｌがなくても全然オッケーだと思うんです。なぜなら、ｗｉｌｌはｃａｎを積み上げていく過程の中でも見つけることができるものだからです。

まず最初にやるべきステップは2つあって、1つは、「まずは自分のコップを満たす」。つまり今はｗｉｌｌどころではなくて、まずお金を稼ぐことで幸福度が上がるのなら、社会に求められるところでお金を稼ぎながら、ｃａｎを伸ばしていくという手もある。

たとえば、今は動画編集の市場価値が高いわけです。クラウドワークスでも1件5万円くらいで募集していたりするんですね。それなら動画編集というｍｕｓｔの中でｃａｎをひたすら積み上げていったら、わりと稼げる上に、社会に求められるところ（ｍｕｓｔ）でｃａｎが成長しますよね。

そして、ｍｕｓｔ・ｃａｎ、ｍｕｓｔ・ｃａｎの繰り返しでｃａｎが成長していくと、今度はｃａｎに紐づくｗｉｌｌがどんどん出てくると思うんです。

尾原：動画編集をひたすらこなしているうちに、自分でも動画を一から作ってみたくなるかもしれないですよね。

前田：だからもし今、夢ややりたいことなんかなくても僕は全然心配ないと思っていて。なんとなく自分がいいなと思えて「コア」に響くもの、そして社会が求めている「市場」があるもの。このどちらも重なる場所でｃａｎを積み上げていけばいいと思うんです。

ただ、いくら自分のコアに引っかかっても、社会がそこまで強く求めないようなことだと厳しいかもしれない。たとえば僕は大学時代、パチンコ工場でアルバイトをしていて、パチスロ台のロールにラミネートを貼るのがすごくうまかったんですが（笑）、今思えば「ラミネート貼りというｃａｎを伸ばしてもそんなに儲からなかったかな」とも思うんです。もし時間をかけて自分のｃａｎを伸ばすなら、動画編集みたいに、社会が求めていて、市場があるほうが近道ではあると思います。

だから、もし自分の今の仕事が、コアにも市場にも引っかからないｍｕｓｔだとしたら、さすがにチェンジしてもいいと思うんです。転職するなり、別のステージを探してもいいと思います。

もちろん、必ずしもコアに響かなければならないわけでもないんです。動画編集が自分のコアに響くかはわからないけど、少なくとも市場には引っかかっているなら、やってみる価値はある。逆に、市場に接続しなくても、「とにかく好きで好きでたまらん」というコア側の比重が巨大なのであれば、その時点でｗｉｌｌを持っているってことですしね。

尾原：そうですね。そしてｗｉｌｌに引っ張られながら、ｃａｎを増やしていけばいいですね。

前田：いずれにせよ、ｃａｎが増えていくたびに、マネタイズできる市場を探すといいと思います。

メタ認知をいかに鍛えるか

尾原：ただ若い人の話を聞いていると、自分の上司に与えられた仕事の中で〝ｍｕｓｔ・ｃａｎの繰り返し〟を無理やり見つけようとする傾向があるように感じているんです。でも、僕はもう少し視野を広げてもいいと思っていて。上司以外でも、職場には困っている人がたくさんいるはずなので、彼らのちょっとしたｍｕｓｔを埋めてあげることで、上司だけじゃなく、会社全体の中での自分の信頼を貯めていく方向でｃａｎ

を積み上げていく選択肢もあると思います。

また、今は生活で精一杯、お金という資産を増やすことで手一杯だったとしても、逆に「時間」という資産はあるかもしれない。ならば時間の資産の中で、副業やボランティア、オンラインサロンなどの社外活動を通して、その中でmust・canを繰り返していくやり方もありますよね。

ただ大事なのは、あくまでコアと市場のバランスが交差する点で、must・canを繰り返すこと。たとえば箕輪編集室（箕輪厚介氏のオンラインサロン）は3年目になりますが、動画編集ができる人が、サロン内でmust・canを繰り返すことで実績や人脈を作り、ついにはサロン外でも仕事ができるようになったそうです。他にも、自分でサロンをはじめている人も出てきていますよね。

前田：そうですね。ただ、コアと市場を把握するにはメタ認知能力（自己を客観的に認識する能力）が必要で、これをどう身につけていくかが大きな課題です。

尾原：メタ認知能力の上げ方って、1個だけだと僕は思うんですよ。〝遠くの人〟と話すことです。要はずっと一緒にいる夫婦って「あれ」「おい」「これ」って言っているだけで、意思疎通ができてしまうじゃないですか。

前田：同質化してしまうんですよね。それだと自分のことをメタ認知しきれないですよね。

尾原：〝遠くの人〟といっても距離だけじゃなく、ライフスタイルや価値観が遠ければ何でもいいんです。ただ遠くの人と話すと、普段は気づけなかった自分の新しい側面や価値をフィードバックしてもらえますから。

前田：先ほども出てきた中田のあっちゃんは、「ユーチューブのコメント欄は宝の山だ」と言っていましたね。これもまさに尾原さんのおっしゃる通りで、遠くにいる人からの客観認知なんですよね。「音が気持ち悪い」とか、「背景がやだ」とか。本人としては「面白い動画を作るためにこんなに頑張って調べてきているのに、内容より音質ですか」みたいな気づきを与えてくれると。

おそらく近くにいるスタッフは、いわば夫婦みたいな状態になるんですよね。「いや、今日も良い内容でしたね」みたいなフィードバックになってしまう。そうじゃなくて、遠くにいるユーザーは「もっと静かなとこでしゃべってよ」という身近なスタッフには気づけない観点を提供してくれる。やっぱりユーチューブみたいなプラットフォームでひたすら自分のコアを市場にあてて洗練させていく作業は、メタ認知のためにすごく大事なんだと思います。

尾原：しかもユーチューブだと遠くの人が来てくれて、自分にとって当たり前じゃないことに気づかせてくれるから、コアと市場の往復もどんどん進みますね。すると、前田さんの言うようにｗｉｌｌが見つかっていない人もまったく問題なくなってきますよね。なぜなら遠くの人のフィードバックの中から、新たな自分が見えてくるから、そこに自然とｗｉｌｌが出てくるかもしれない。

前田：そうですね。でも、ちょっとだけ心が強くなる必要はありますよね。たとえばゴールデンボンバーの鬼龍院翔くんがいつも、「最も冷静なメタ認知能力を持てる場は、Ｙａｈｏｏ！ニュースの辛辣なコメントだ」と言っているんですよ。これは面白い考え方ですよね。

尾原：日本で一番メタ認知をズタズタにされる場所ですよね。僕でも耐えきれるかな（笑）。ただ、一番自分が向かい合わなきゃいけないのって、ヤフコメよりもネガティブセルフトークだと思うんです。

前田：なるほど。

尾原：つまり、自分で自分にダメ出しする人のほうが多いはずなんですよ。だから、ファンじゃないですけど、自分を肯定してくれる人の温かな心にも一定数、触れたほうがいいと思うんです。友達や親でもいいから、無条件に肯定してくれる存在は必要です。そこで自分が安らぐからこそ、ヤフコメの厳しいコメントにも感謝できるようになれる。「教えてくれてありがとう、おかげでメタ認知鍛えられる」って。

つまり、自分を最も傷つける言葉は他人からのものではなくて、自分のものだから。だからこそ、ある程度他者から温かいコメントをもらうことでバランスをとりながら、いかに「自分はダメだ」っていう言葉に向き合えるようになるか、というバランス設計も、メタ認知能力を上げる上では大事だと思います。

前田：確かに。そういう精神状態を保つことは大切ですね。

尾原：健全な状態でメタ認知しながら、コアと市場を見つけていけるといいですよね。その中でcanを楽しく育てていくうちに、willが見つかるかもしれないし。

前田：そうですね。それに自分の夢じゃなくて、誰かの夢に夢中になるのでもいいと思います。〝夢中〟って、2つの入り方があると思うんですよ。1つは自分の夢の中に入って夢中になること。サッカーの日本代表選手になるとか、起業家になって上場するとか。

「じゃあ、willのない人たちは夢中になれないのか」っていったら違うと思う。

誰か他の人の夢の中に入っても夢中になれると思うんです。これが、〝夢中〟の2つ目の入り方であって、実はSHOWROOMが提供している価値でもあるんです。

尾原：夢を持たなくても生きられる時代だからこそ、誰かの大きな夢につながって、みんなで遠くに行くこともできる。その道のりの中で、willに出会えるかもしれないですよね。

あとがき

尾原和啓です。本書を読んでいただき、ありがとうございます。

本文の前に「あとがき」を読まれる方、はじめまして（僕もそのタイプですが、この本の内容は序章でまとめているのでそこも読んでくれたら嬉しいです）。

先が見通しづらい今、心に余裕がなくなると、つい自分のことで頭がいっぱいになり、未来までも漠然とした不安で覆われてしまいがちです。

本書では「ギブ」を軸に、これからの仕事・人脈・キャリアについて話してきましたが、最後に、そんな「不安」を打ち消す話をしていきたいと思います。

マッキンゼーはなぜ「サンクスレター」に命をかけていたのか？

僕がマッキンゼーにいたころは、先輩方から「サンクスレターに命をかけろ」と叩き込まれていました。今はどうかわかりませんが、当時のマッキンゼーでは必ずアタッシュケースを持つ習慣がありました。

理由は2つ。1つは鍵をかけることでお客様の機密文書を守ること。もう1つは、固くて平らなケースを机代わりにして、帰りのタクシーで手紙を書くためです（当時はまだEメールが普及しきっていませんでした）。そしてすぐに投函し、翌日にはお客様へ肉筆のサンクスレターが届くようにするのです。手紙には、お客さまからいただいたどんな話が参考になったか、自分にとってどう有り難かったかを細かく書き綴ります。その上で、またご縁をいただけたら、全力でお付き合いさせてください、とご挨拶するのです。

「ありがとう」が好循環を生む

当時、マッキンゼーがサンクスレターを重要視していた理由。それは、コンサルタントという職業が、自分の学習を生かしてお客様に情報やアイデアを提供することを前提としながら、その実、かなり多くの知識や知恵、知見を、お客様をはじめ、あらゆるご縁から〝いただく〟ことで成り立っているからだと思います。

「コンサルタントはあらゆる人から時間や知恵を〝いただく〟ことで仕事ができているの

だから、いただきっぱなしにして、自分のところで循環を止めてはいけない」「自分に時間や知恵をくださる相手には、お礼の気持ちとして、〝何がためになったのか〟というフィードバックを渡すことで、相手との好循環を回そう」という考えを、先輩方は持っていました。

僕はマッキンゼー時代の習慣が今も染み付いていて、サンクスレターをメールで書きます。これを長年続けてきて気づいたのは、普段から「すみません」ではなく「ありがとう」を習慣づけていると、不思議と働くことそのものがポジティブに巡っていくことです。

「ありがとう」の習慣のいいところは、相手への感謝を言語化するために、必然的に相手にフォーカスして思考が回ることです。人は自分のことばかりフォーカスするとどうしても不安になってしまうものですが、感謝をベースに他者のことを考えていると、おのずと自分への過剰なフォーカスが外れ、視野が広がり、ポジティブな気持ちになっていく。つまり、「ありがとう」は自分にとってもよい循環をもたらしてくれるのです。

「ありがとう」は、「有ることが難しい」に由来しますが、自分が「有り難い」と感じたのかを言葉にすることで、それを見聞きした人に自分の見識をシェアすることができる。そうしたささやかなGIVEを自然につないでいくことが、自分や世の中の不安を打ち消していくのだと思います。

グーグルやTEDx、BurningMan、そしてオンラインサロンなど僕が所属したところには、自然とギブの習慣が満ち溢れています。僕は今ではシンガポール、バリ島、エストニア、上海と各地を転々としながら現地の方々とリモートで日本や海外の人たちとつながりながら、自由な仕事をすることができるようになりました。

そんな僕の経験を皆さんにギブすることで、焦ったり自信を失ったりせず、より自分らしく仕事をしていくきっかけにできればと思ったのが執筆のきっかけです。

インターネットは「母親の呪い」を解き放つ?

ただ、もらったギブに対して、「ありがとう」よりも「すみません」が先に出てしまう人も少なくないようです。これはなぜでしょうか?

日本人のセルフ・エスティーム(自己評価)が低い原因は、母親が自分で子どもに呪いをかけているからだといわれています。母親は、自分の子が他の親から褒められると、つい謙遜のつもりで「すみません」「うちの子なんて」と口にしてしまうのですが、それが子どもにとっては「しょせん僕なんて」という呪いになってしまう。

たとえば僕の友人は、子供の頃に母親から「しょせん、お父さんは酒を飲んでばかりで、仕事なんか全然しない」と、ことあるごとに愚痴られていたそうです。それで、本人は父親が働く商社がキライになってしまった。

しかし、ひょんなきっかけで自分も商社で働くようになると、世の中では父親みたいな人たちがすごい成果を出していることを知る。彼は社会人3年めになってはじめて、父親を尊敬できるようになったそうです。呪いを解くことを、英語で「unleash（アンリーシュ＝鎖を外す）」と言います。この「unleash」は今、世界中のいろんな所で叫ばれています。

予防医学研究者の石川善樹さんから聞いた話ですが、ある調査によれば、クリエイティブな人、イノベーティブな人が育った環境の共通点に、「母親にストレスがない」ということがあるそうです。逆にいえば、母親にストレスがある家庭は、呪いがかかりやすい。

では母親は悪者なのか？　そうではないですよね。僕たちが注意して考えなきゃいけないのは、結局、母親も誰かに呪いをかけられているということです。

つまり、お母さん、おばあちゃん、そのまたお母さん……と、自分の命を紡いでくれた血をさかのぼって「アンリーシュ」していってあげないと、根本的には治らないのです。そのことに僕らはまず留意しなければならない。

かつ、まずやらなければならないのは、子ども自身が「母親の呪いはワンオブゼム」であることに気づく環境を整えてあげることだと思うのです。子どもと最も長い時間を過ごすお母さんの価値観は、子どもにとって絶対的なものになりやすい。だからこそ、早いうちから世の中には複数の価値観が有り得ることを知らせるべきだし、さらにいえば、複数の価値観から肯定される環境をつくるべきなのです。

昔は長屋住まいだったから、子どもは放っておいても、近所のおばちゃんとかおじいちゃんから何かを褒められるわけじゃないですか。たとえば僕の娘は、母親の実家が美容室をやっているので、そこに遊びにいって、待合室でよく本を読んだり絵を描いたりする。それを見たお客さんが「えっ、そういう本を読んでるの！ 偉いねえ」とか「素敵な絵を描くのね」と褒めてくれたり、「こんな色を使ってみたらどう？」と意見をくれたり、とにかく面白がってくれる。

あらゆる価値観から褒められる体験を、いろんな角度から受ける。すると、「こういうことをやってもいいんだ」という意識が積み重なって、お母さんから植え付けられた価値観が2分の1になり、3分の1、4分の1と少なくなっていく。すると、いろんな人から褒められる中で、「本当に褒められたいものはなんなんだろう？」という自分の価値観を築き上げていけるようになるのです。

インターネットの長屋文化につながろう

僕らの世代にとって幸福なことは、インターネットやSNSによって、複数のコミュニティに簡単に所属できることだと思います。インターネットがないころは、どうしても自分の価値観を住んでいる場所、働いている会社に縛られることが多かった。さらに困ったことに、住んでいる場所と働いている場所の価値観がすごくリンクしていることが多くて、結局1つの価値観しか得られなかった。

すると、特定の価値観に、鎖で縛られざるを得ない状況になる。でも今は、やろうと思えば、ネットに飛び込めば、いくつでも価値観の合う、複数の価値観のコミュニティに所属できる。いろいろな居場所があって、そこではお互いに優しく接したり、知識やお金などをシェアしあっているから、自分の鎖を解くことができる。自分の成功体験を糧に、母親に対しても呪いを解いてあげることができれば、母親の価値観の鎖も解けるようになる。

炎上を恐れて、誰かに批判されないか?と怖がる方も多いかもしれません。確かにネットでは一部の心ない方が傷つけてくることもあります。でも、ネットだとそういうときこそ逃げていいのです。あなたの居場所はどこかで見つかります。誰かが傷つけてきたとしてもそれをカバーする人も現れやすくなっていると思います。

そんな風にインターネットやSNSを活用してみれば、まだまだ僕らは、インターネットで個人の革命を起こすことができるんじゃないかと思うのです。

そうやって自分なりにForbesさんなど連載を持たせていただき、ニューズピックスさんをはじめいろんなコメントを楽しみながら成長させていただき、自分なりにネットコミュニティの力を試したくてオンラインサロンをはじめて1300名もの一緒に冒険してくださるメンバーに出逢い、日々BBQ型に意味を育んできた旅路の結果がこの1冊になります。

Forbesでの連載：https://forbesjapan.com/author/detail/833

ニューズピックスでのコメント：https://newspicks.com/user/274499
尾原のオンラインサロンハック：https://salon.jp/obara

これからも旅路は続きます、本書にまつわる対談、記事を続けていきます。もしよろしければフェイスブックに無料のサロンを作りました。西野亮廣さんや石川善樹さんとの対談など、こちらにあげていくので皆さんの旅路の同伴者になれれば幸いです。https://bit.ly/OriruObara（アクセスするQRコードが奥付にあります、利用いただければ嬉しいです）

ハッシュタグ「#数字からおりる」をつけていただければ、すべてのポストを尾原は見ています。皆さんの立場からの素朴な感想、コメントが私にとっての大きな「ギブ」になります。

いつものように、僕の本にはオリジナルなことなんて何ひとつありません。皆さんからいただいた言葉を自分なりに咀嚼して言い換えていった言葉をつらねています（なので咀嚼間違いがあったり、オリジナルのほうを書き損ねていたりすることも多々あると思います。ご指摘いただけたら、次の版で修正していきたいと思います。よろしくお願いいたします）。

□最後に

本作も執筆するに当たり、本当にたくさんの方々に支えられました。

フォーブスジャパン編集部の谷本有香さん、鈴木奈央さんは3年前バリ島、シンガポールにベースを移した尾原に機会を与えていただき、本書のベースとなる連載のきっかけをいただけ、毎回多様な視点からのギブをいただき、その集積の先にこの本はあります。

共同執筆の小野田弥恵さんには、前作『モチベーション革命』のときから3年以上の本作に至る旅路を一緒にしていただきました。共感を呼ぶ多くのエピソードをはじめ彼女だからこそ書けたものです。

西野亮廣さん、古川健介さん、前田裕二さん、李英俊さん、仲山進也さん、山口周さん、佐渡島庸平さん、篠田真貴子さん、青木耕平さん、安西洋之さんここには書き切れないみなさん、フェイスブック上の訳のわからないポストやメッセージに付き合ってくださり、東京にいるときは深夜、早朝のごはん、訳のわからないイベントに付き合ってくださって感謝いたします。皆さんが見せてくださった風景、僕には見切れてないところがたくさんですが。

そして、いつもいつも、僕のような人間を自由に羽ばたかせてくれている藤原投資顧問の皆さん本当にありがとうございます。家庭を支えてくれている妻の美奈子、むしろ最近は若い世代の視点を教えてくれる娘の那奈子、一緒に冒険をしてくれて感謝します。

僕の経験したこと、僕がラディカルに生きている暮らし方、物の見方が少しでも他の方の役に立てれば幸いです。講演やメディア等ご興味あれば、僕のエージェントまでお問い合わせください。⇒https://obarakazuhiro.jp

はい、最後までお付き合いいただいてありがとうございます（あとがきから読んで、ちょっとでも本に興味を持ってくださった方、後3分で読める序章だけでも立ち読みし続けてくれたら嬉しいです）。

この本というギブが、読んでいただいたあなたの何かに響いて、次のギブというパス回しにつながっていけば嬉しいです。

2020年6月、見えないウイルスがセカイを分断し、だからこそネット上でみんながギブをし合って新しいセカイをつくっていっているネットの中から。

尾原　和啓

尾原和啓（おばら・かずひろ）

1970年生まれ。京都大学大学院工学研究科応用人工知能論講座修了。マッキンゼー・アンド・カンパニーにてキャリアをスタートし、NTT ドコモの i モード事業立ち上げ支援、リクルート、ケイ・ラボラトリー（現：KLab、取締役）、コーポレートディレクション、サイバード、電子金券開発、リクルート（2回目）、オプト、Google、楽天（執行役員）の事業企画、投資、新規事業に従事。経済産業省対外通商政策委員、産業総合研究所人工知能センターアドバイザーなどを歴任。著書に『モチベーション革命』（幻冬舎）、『アフターデジタル』（共著　日経 BP）、『ザ・プラットフォーム』（NHK 出版）、『どこでも誰とでも働ける――12の会社で学んだ“これから”の仕事と転職のルール』（ダイヤモンド社）、『IT ビジネスの原理』（NHK 出版）などがある。

著者・尾原の本書に関するオンラインサロン
（無料 facebook グループ）はこちらから。

あえて数字からおりる働き方

2020年 7 月15日　初版第 1 刷発行

著　者　　尾原和啓
発行者　　小川　淳
発行所　　SBクリエイティブ株式会社
〒106-0032 東京都港区六本木2-4-5
電話 03(5549)1201(営業部)

編集協力　　小野田弥恵
装　丁　　小口翔平＋加瀬梓(tobufune)
本文イラスト　　渡邉孝行
本文デザイン　　谷関笑子(TYPEFACE)
DTP　　一企画
編集担当　　多根由希絵
印刷・製本　　三松堂株式会社

本書をお読みになった
ご意見・ご感想を下記の
URL、QR コードより
お寄せください。
https://isbn2.sbcr.jp/05377/

落丁本、乱丁本は小社営業部にてお取り替えいたします。
定価は、カバーに記載されております。
本書に関するご質問は、小社学芸書籍編集部まで書面にてお願いいたします。
ISBN978-4-8156-0537-7